Contenido

LA GEOGRAFÍA
HISTÓRICA DEL
MUNDO BÍBLICO

LA GEOGRAFÍA
HISTÓRICA DEL
MUNDO BÍBLICO

Netta Kemp de Money

La misión de Editorial Vida es ser la compañía líder en comunicación cristiana que satisfaga las necesidades de las personas, con recursos cuyo contenido glorifique al Señor Jesucristo y promueva principios bíblicos.

LA GEOGRAFÍA HISTÓRICA DEL MUNDO BÍBLICO
Edición en español publicada por
Editorial Vida – 1969 – 2021
Miami, Florida

Diseño de cubierta: *Sarah Wenger*
Diseño de interior y de los mapas: *artserv*

ISBN 978-0-8297-0558-4

Categoría: *Estudios bíblicos / Historia*

IMPRESO EN ESTADOS UNIDOS DE AMÉRICA
PRINTED IN THE UNITED STATES OF AMERICA

24 25 26 27 28 LBC 172 171 170 169 168

Los mapas

Prefacio

Por muchos años ya, se ha sentido la falta de un adecuado texto en castellano de Geografía Bíblica, tanto entre los profesores de este curso como entre sus alumnos, pero no fue hasta el año 1940, en que la autora de la presente obra fue invitada a dictar la referida asignatura en el Instituto Bíblico Peruano de Lima, que ella se dio cuenta en forma cabal de lo que significaba dicha falta para el estudiante concienzudo.

Desde esa fecha pues, ha venido investigando todas las fuentes de información a su alcance en la materia, recopilando y revisando datos y modificando su presentación de acuerdo con la capacidad e interés de sus alumnos. De esta labor ha resultado la Geografía Histórica del Mundo Bíblico que ofrecemos ahora al público de América Latina con la esperanza de que sea una verdadera ayuda no solamente para los que tienen la dicha de estudiar dentro de las aulas de un Instituto Bíblico, sino también para todo aquel que desee profundizar sus conocimientos en la Palabra de Dios y entender mejor las repetidas referencias que ella hace del medio ambiente en que Dios habló a su pueblo, primero por intermedio de los Patriarcas y los Profetas, y en el cumplimiento de los tiempos, por su Hijo Unigénito a quien sea la honra y la gloria por los siglos de los siglos.

CAPÍTULO 1

El mundo bíblico

La geografía bíblica se ocupa del estudio sistemático del escenario de la revelación divina y de la influencia que tuvo el medio ambiente en la vida de sus habitantes. Considerada en sus relaciones históricas y geográficas, las Escrituras se ven en su verdadera perspectiva y adquieren un nuevo relieve que no solamente muestra su relación con la Historia Universal, sino que también reviste de nuevo significado, color y fragancia, hasta los detalles más pequeños de las Páginas Sagradas.

Es un hecho que nunca deja de ser motivo de admiración que el Creador del Universo se interesara en una porción tan insignificante de su Creación como nuestro planeta, pero se aumenta mil veces más el asombro del estudiante al darse cuenta que los sucesos relacionados con el Pueblo Escogido y el Salvador del Mundo, se desarrollaran dentro de un pequeño rectángulo en Asia Occidental, que no representa más de la doscientos treinta y cuatroava parte de la superficie terrestre.

La "Medialuna Fértil" de Asia Occidental. Este rectángulo, limitado por los paralelos de latitud 380 N. y 280 N., y los meridianos 300 E. y 500 E. de Greenwich, encierra una área de 2.184.000 Kms2. aproximadamente, dentro de la cual se halla una región de tierra fértil, que fue el verdadero escenario del drama bíblico. Esta región se extiende en forma semicircular entre el Golfo Pérsico y el S. de Palestina, estando limitada hacia el N. NO. y E. por una serie de cordilleras y encerrando en su interior el gran desierto de Arabia. Su historia puede resumirse en una serie de luchas entre los habitantes de las serranías y las tribus nómadas del desierto para la posesión de la codiciada Tierra Fértil. Su lado oriental fue la cuna de la raza humana y de su primera civilización: en sus grandes curvas se levantaron uno tras otro los grandes imperios de los amorreos, de los asirios, de los caldeos y de los persas; y finalmente fue en su extremo occidental que nació el Salvador del Mundo.

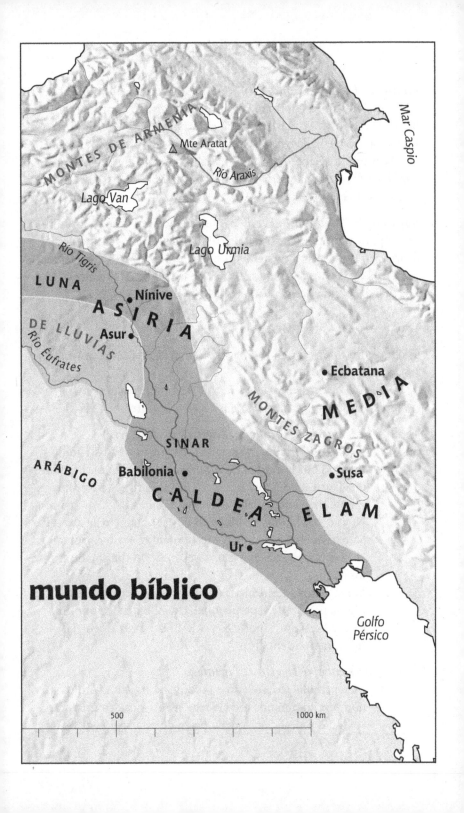

Límites de la "Medialuna Fértil". La "Medialuna Fértil" limita al E. y NE. por una línea continua de montañas, formada por las cordilleras de Zagros y Armenia, y hacia el O. por el Mar Mediterráneo. En su interior se halla el desierto de Arabia, cuyo borde colindante con la primera recibe durante el invierno escasas lluvias tan solo para hacer brotar una grama rara que desaparece tan pronto como se acerca el verano.

Países de la "Medialuna Fértil". A fin de facilitar nuestro estudio de los países componentes de la Fértil Medialuna convendría clasificarlos en los tres grupos siguientes:

1. Los de la Curva Oriental; 2. Los de la Curva Occidental; y, 3. Los Países colindantes con la Fértil Medialuna.

1. Países de la Curva Oriental.

Los países ubicados en la Curva Oriental se dividen a su vez en dos grupos:

a. *Los que se encuentran entre las cordilleras Zagros y el río Tigris.*
b. *Los de la llanura entre los ríos Tigris y* Éufrates.

a. Países entre las cordilleras Zagros y el río Tigris:

I. *Asiria.* Originalmente estaba formada por el distrito dominado por la ciudad de Assur, sobre la orilla occidental del Tigris a 96 Kms. al S. de Nínive. Pero Asiria propiamente dicha se hallaba entre los montes de Armenia al N. y las cordilleras de Media al E. y el riachuelo de Zab, al S., extendiéndose al O. a Mesopotamia. Posteriormente el nombre se aplicaba a todo el Imperio dominado por los asiros.

II. *Elam,* llamado Susiana por los griegos, tenía a Asiria y Media por límite septentrional, el Golfo Pérsico por límite S. y Persia por límite S. y S.E. El río Tigris formaba su frontera occidental.

c. Países entre el Tigris y el Éufrates.

I. *Mesopotamia* (Meso: entre; potamos: río), como indica su nombre, comprende toda la región entre los dos ríos, pero se limita a designar aquella parte de esta región al N. de

Babilonia. Antiguamente toda esta llanura era de fertilidad exuberante y sostenía una vasta población.

II. *Caldea,* llamada también Sinar y Babilonia, en un principio se limitaba a la región al S. de Babilonia que colindaba con el Golfo Pérsico, pero posteriormente vino a designar toda aquella parte de Mesopotamia al S. de Bagdad.

1. Países de la Curva Occidental.

a. *Siria o Aram,* semejante a los pueblos de la antigüedad reflejaba en sus fronteras las vicisitudes de la guerra. Siria propiamente dicha, se limitaba al territorio entre la cordillera del Tauro por el N., el río Éufrates y el desierto de Arabia por el E., y Palestina y el Mediterráneo por el O.

b. *Fenicia,* abarcaba una faja estrecha de tierra entre el Mediterráneo y el Monte Líbano, que se extendía al N. de Palestina entre la "Escalera de Tiro", a 24 Kms. al S. de Tiro y la ciudad isleña de Arvad o Aradus más al N.

c. *Palestina,* constituía el extremo S. O. de la "Medialuna Fértil", comprendido entre el Libano al N. y la frontera de Egipto al S., el Mediterráneo al O. y el desierto de Arabia al E.

4. Países Colindantes con la "Medialuna Fértil".

a. *Armenia,* comprende la elevada altiplanicie y la región montañosa entre los mares Caspio y Negro al N. de Mesopotamia y Asiria, teniendo por límites los montes Cáucaso al N., Media y el Mar Caspio al E., y el río Araxes al S., que la separa de Media, y el Alto Éufrates que la separa de Asia Menor. El arca encalló en una de sus montañas al final del Diluvio.

b. *Media,* se limitaba hacia el N. por el río Araxes y hacia el E. por el Desierto de Iram. Persia la limitaba por el S. y Asiria por el O.

c. *Persia* que se extendía desde el Golfo Pérsico hasta la Media, entre Carmania por el E. y Elam por el O.

Cordilleras de la "Medialuna Fértil".

Las Cordilleras de Ararat en Armenia constituyen una especie de nudo del cual se desprenden cuatro ramales, a saber:

1. La Cordillera del Caspio, que va en dirección al mar del mismo nombre y luego extendiéndose por el E. al S. del aludido mar, forma el lindero septentrional de Media.

2. La Cordillera de Zagros, que sigue rumbo a la curva oriental de la "Medialuna Fértil" hacia el Golfo Pérsico.

3. La Cordillera del Líbano, se desprende del lado occidental de la cordillera de Ararat. Consta de dos cadenas que corren de N. a S. separadas una de otra en el N. y S. por los valles de Orontes y Leontes respectivamente. Dicha depresión constituye Coelesiria, o Siria "baja".

Durante el período griego el nombre Líbano se aplicaba a la cordillera occidental. mientras que a la oriental se le llamaba Antilibano. Se puede decir que la cadena del Libano comienza a 24 Kms. al S. E. de Sidón y sigue paralela al Mediterráneo en una distancia de unos 160 Kms. Su mayor elevación se halla al extremo N., mientras que la parte más alta del Antilíbano la constituye el monte Hermón, en su extremo meridional (Deuteronomio 1:7 y Josué 11:17).

4. La Cordillera del Tauro, se extiende hacia el O. para formar el litoral meridional de Asia Menor.

Ríos de la Medialuna Fértil.

Mencionaremos solamente los de mayor importancia: 1. La Curva Oriental; y, 2. La Curva Occidental.

1. Ríos que riegan la Curva Oriental.

a. *El Tigris o Hidekel y el* Éufrates, de 1760 y 2880 Kms. de largo, respectivamente, tienen sus manantiales en las montañas de Armenia. Después de inclinarse el primero en dirección S. S. E. y el segundo hacia Siria y el Mediterráneo, se aproximan formando entre sí la gran llanura de Mesopotamia. Sus aguas se confunden después y van a desembocar en el Golfo Pérsico, con el nombre de Chat-el-Arab. Antiguamente los dos ríos desaguaban por separado, pero los aluviones y sedimentos acumulados a través de los años cegaron la región pantanosa que separaba sus desembocaduras (Génesis 2:14).

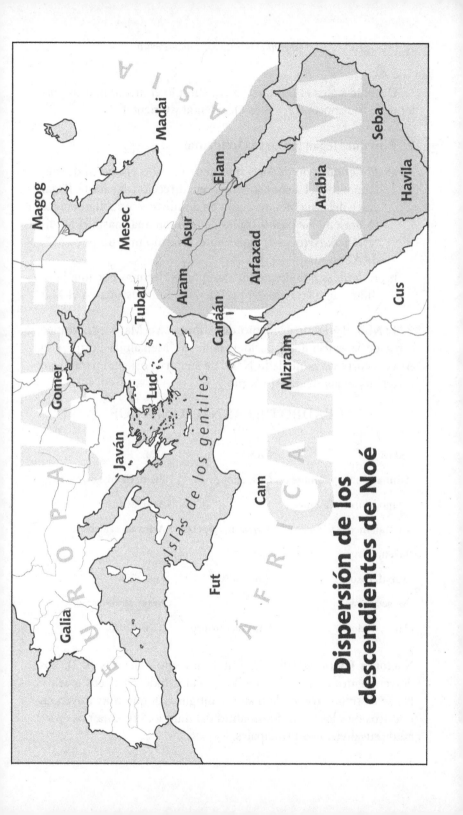

Dispersión de los descendientes de Noé

Durante siglos el Éufrates ha constituido el medio más importante de transporte entre Asia Occidental y Oriental.

2. Ríos que riegan la Curva Occidental.

a. *El Orontes,* río de Siria que tiene su cabecera cerca del nacimiento del Leontes. Corre en dirección N. hasta llegar cerca del Asia Menor, punto en donde tuerce súbitamente al O. abriéndose paso a través de las montañas hasta el Mediterráneo. Arroja sus aguas en el referido mar un poco al S. de Antioquía,

b. *El Jordán,* que desciende del monte Hermón por una hendidura que atraviesa el país de N. a S. y desagua en el Mar Muerto.

El **Nilo,** el gran río de Egipto, desemboca en el Mar Mediterráneo cerca de la extremidad occidental de la "Medialuna Fértil" y el **Araxes** corre cerca del lado N. O. de su curva oriental para luego verter sus aguas en el mar Caspio.

CUADRO DE LAS NACIONES NOÉ

JAFET	CAM	SEM
Gomar, celtas y cimbros	**Cus,** etíopes	**Elam,** elamitas
Magog, rusas y escitas		**Asur,** asirios
Madal, medas y persas	**Mizraím,** egipcias	**Arfaxad,** caldeos
Javán, griegas		
Tubal, rusos	**Put,** libios	**Lud,** lidios
Mesec, rusas		**Aram,** sirios o arameos,
Tiras, tracios	**Canaán,** cananeos	(Génesis 10).

Naciones Jaféticas (Jafet: "engrandecimiento"; Génesis 10:2). Los descendientes de Jafet forman los pueblos Indo-europeos o arios. No se distinguieron en la historia antigua, aunque constituyen en nuestros días las razas dominantes del mundo. Presentamos enseguida sus divisiones principales:

Gomer, probablemente sinónimo del pueblo que los sirios llamaban Gimirrai. Su nombre está perpetuado en Crimea. Una división de esta familia conocida como los cimbros emigró hacia el occidente mientras que otra rama se estableció en las Islas Británicas, siendo sus descendientes los galenses, los irlandeses, y las razas célticas de las cuales han surgido en parte, los franceses, pertenecientes a la misma familia.

Magog. Se cree que los descendientes de Magog sean los escitas, quienes tuvieron su residencia en la parte N.E. de Europa y en Asia Central y Septentrional.

Madai, equivale a Meda. Los medos habitaban en un principio la región al S. del Mar Caspio, extendiéndose más tarde hasta el Mediterráneo.

Javán, es la palabra hebrea para griego.

Tubal y Mesec, se mencionan juntos en las Escrituras. Se radicaron en las cercanías de los mares Negro y Caspio; se les considera antecesores de los rusos.

Tiras. Sus descendientes representan probablemente a los tracios de la región al S.O. del Mar Negro.

Las Naciones Camitas (Cam: "calor"; Génesis 10:6-12). Los camitas se hicieron muy poderosos en una edad muy temprana en la historia del mundo antiguo. Constituyeron la raza que estaba más íntimamente ligada con los hebreos, ya como amigos o enemigos. Cam era progenitor de las razas que se establecieron en África, en el litoral oriental del Mediterráneo en Arabia y en Mesopotamia.

Cus, significa Etiopía. Un cusita se menciona en el Antiguo Testamento como fundador de Babilonia.

Mizraím, es la palabra hebrea para designar el Egipto en las Páginas Sagradas.

Put, término que se traduce por Libia en la Historia Sagrada.

Canaán, constituye el antiguo pueblo de Palestina y la Siria Meridional antes de ser conquistado por los hebreos.

Las Naciones Semitas (Sem, "nombre"; Génesis 10:21-31), poblaron el Asia desde las playas del Mediterráneo hasta el Indico, ocupando mayormente el terreno entre Jafet y Cam. De esta raza Dios escogió su pueblo, cuya historia constituye el tema especial de las Escrituras. Sem era antecesor de cinco grandes razas y de muchas tribus subordinadas.

Elam, nombre de un país al E. del Tigris y al N. del Golfo Pérsico.

Assur, es sinónimo de Asiria.

Arfaxad, el progenitor de los caldeos, a los cuales pertenecía Abraham, padre del Pueblo Escogido.

Lud, posiblemente representaba a los lidios que se establecieron en Asia Menor Occidental. Bajo su rey Creso llegó a ser una nación poderosa.

Aram, palabra que siempre implica Siria en las Escrituras.

CAPÍTULO 2

Bosquejo histórico de la Medialuna Fértil

A continuación ofrecemos un brevísimo resumen del levantamiento y caída de los pueblos orientales que desde los tiempos primitivos se disputaban la supremacía de la "Medialuna Fértil" y luego del auge de Grecia y Roma, historia que en este caso nos conduce a la época Neotestamentaria.

I. Historia primitiva

1. Período Antediluviano.

La civilización tuvo su origen en las llanuras de Sinar, que se extienden entre los ríos Tigris y Éufrates, desde el punto donde más se acercan hasta las playas del Golfo Pérsico, conocido posteriormente como Babilonia. Los datos relativos al período antediluviano son sumamente escasos y se limitan a dos fuentes: a) el Génesis (Cap. 4) relata que algunos hombres empezaron a especializarse en ciertas ocupaciones y oficios, particularmente en la ganadería, la herrería y la manufactura de instrumentos musicales de viento y cuerda; y b) Sir Leonardo Woolley en sus excavaciones llevadas a cabo en los años 1929 y 1933 en Ur naamu, descubrió numerosos restos de la época ante-diluviana, inclusive sellos de marfil, cerámica y estatuas que no se distinguen en sus rasgos esenciales de los productos de la época que sucedió inmediatamente al Diluvio.

2. Período Postdiluviano.

a. *Nimrod y Assur.* En el período Postdiluviano los hijos de Cam y Sem sentaron sus reales en la misma llanura, siendo Nimrod, nieto de Cam, «el primero que se hizo grande en la tierra», es decir, el primero que empezara a enseñorearse sobre los demás, «y fue la cabecera de su reino Babel, Erech, Accad y Calneh en la tierra de Sinar».

Fue también de esta tierra que salió Assur, hijo de Sem para establecerse en la región del Tigris más al N., y edificar las ciudades de Nínive, Rehobot, Ressen y Calah.

b. *Los Sumerios.* La escritura más primitiva descubierta por los arqueólogos corresponde a una raza conocida como la Sumeria, cuyo idioma no pertenece a la familia camita. Es posible sin embargo, que corresponda al idioma universal empleado antes de la confusión de las lenguas, asociada con la Torre de Babel,

c. *Los Semitas.*

   i. *El Reino de Accad.* Los restos arqueológicos revelan que los semitas conquistaron Sinar en una fecha temprana y organizaron allí el Reino de Accad. Bajo la sagaz dirección de su gran rey, Sargón I, este reino extendió su dominio desde Elam por el S. hasta el Mediterráneo.

   Más tarde parece que los semitas se fusionaron con los sumerios, trasladando su capital a Ur, más al S.

   ii. *Los Amorreos.* Cerca de 1050 a.C., los amorreos, otro pueblo semita establecido al N.O. de la "Medialuna Fértil" sojuzgaron la mitad oriental de esta Tierra Fértil, y bajo su gran rey Hammurabi (1948-1905 a.C.), contemporáneo de Abraham, hicieron sentir su autoridad y dominio desde Elam hasta el Mediterráneo.

d. *Fin de la Grandeza de Babilonia.* A partir del año 1900 a. C. los kasitas, tribu bárbara procedente de las serranías al N. O. de la Tierra Fértil, comenzaron a bajar de sus montañas en busca de tierras más propicias donde establecerse.

Poco a poco se infiltraron en el imperio de los amorreos haciéndose al fin dueños de él. Su falta de aprecio de los valores culturales y su amor al pillaje y saqueo pronto puso fin a la civilización amorrea, y como consecuencia la "Medialuna Fértil" fue condenada al estancamiento cultural cívico durante cerca de mil años hasta que surgiera el Imperio de los asirios.

El Imperio de Asiria

Orígenes.

Los asirios se jactaban de ser los descendientes de Assur, hijo de Sem, que salió de la llanura de Sinar, en una fecha remotísima para establecerse en la ciudad que llevaba su nombre, ubicada en la orilla occidental del Tigris. Por muchos siglos los asirios siguieron su vida tranquila, sin trabarse en conflictos de mayor envergadura con sus vecinos hasta el siglo XIII, época en que conquistaron a Babilonia. Aun este episodio de su historia está envuelto en obscuridad, pero desde aquel comienzo, Asiria pudo mantener su posición como potencia preponderante de la "Medialuna Fértil".

Importancia para Israel y Judá.

La ambición de los asirios para ensanchar sus dominios, inevitablemente les puso en conflicto con sus vecinos occidentales, a saber, los siros, fenicios y hebreos, quienes les separaban de su rival más serio, Egipto. Antes de la expansión de Asiria hacia el occidente, David cimentó la grandeza del Imperio de Israel, y Salomón pudo terminar en paz y tranquilidad su reinado de prosperidad sin paralelo; y, aún en tiempos posteriores, cuando los envidiosos ojos del invasor se dirigían hacia los pequeños estados del litoral mediterráneo, los hebreos pudieron escudarse bajo la protección de sus vecinos septentrionales, los siros y los fenicios. Sin embargo, al sucumbir estas naciones, no hubo para Israel y Judá esperanza humana de salvación. Israel fue envuelto inmediatamente en el torbellino de la guerra y sus habitantes llevados cautivos a tierras lejanas, culminando este capítulo de la historia de la "Medialuna Fértil" con la destrucción casi simultánea de Asiria y Judá. Asiria había extendido su mano de hierro para apoderarse del indefenso Judá, precisamente cuando el poderío naciente de los caldeos, aliados con sus impetuosos vecinos, los medos, se preparaba para asestarle un golpe fatal. Egipto, creyendo ver en este drama la oportunidad que aguardaba para ensanchar sus dominios en dirección de la "Medialuna Fértil" se dirigió contra su antiguo rival y, de paso, se apoderó de Judá. Pero, mientras tanto, Asiria ya había sucumbido

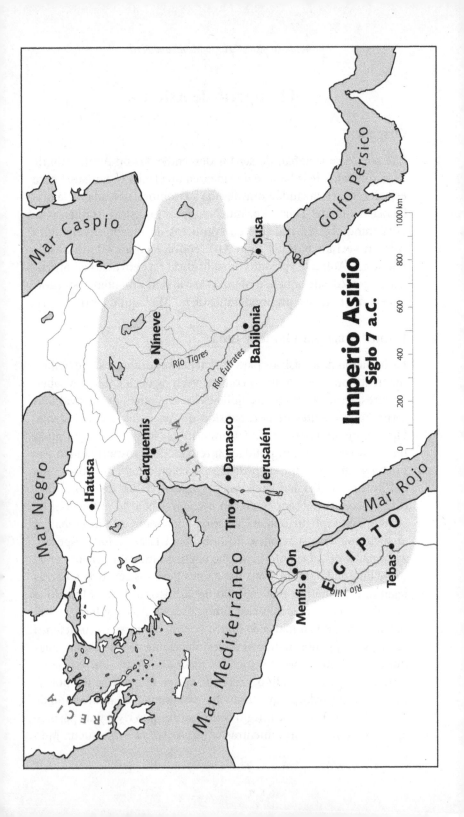

ante el ataque combinado de caldeos y medos. Egipto tuvo que hacer frente entonces no a Asiria sino a los nuevos amos, los aguerridos caldeos, quienes, en la batalla decisiva de Carquemis, aniquilaron a las huestes del Nilo y se apoderaron de un solo golpe de todas las conquistas de la "Medialuna Fértil". Judá pasó así a ser tributario de Babilonia y poco después desapareció por completo del cuadro de las naciones independientes.

Auge de Asiria: Tentativas de expansión.

Allá por el siglo XII, los asirios bajo su gran rey, Tiglatfalasar I, comenzaron a hacer sentir su poderío en el mundo antiguo y lograron extender sus fronteras hasta el Mediterráneo. Durante una campaña ofensiva, los fenicios de Sidón fueron hechos tributarios del agresor.

Este esfuerzo, sin embargo, era mucho para la capacidad bélica del estado asirio, pues, mientras que sus ejércitos dirigían su atención al occidente, se sublevaron sus vasallos orientales. Así, en lugar de acrecentar sus dominios a pasos parejos, el reino de Asiria sufrió una merma considerable, circunstancia que favoreció el establecimiento del imperio de David y su florecimiento bajo el régimen pacífico y próspero de Salomón.

Dos siglos después Asiria hizo otra tentativa para ensancharse, esta vez bajo Salmanasar II, primer rey de Asiria que hace mención en sus inscripciones de Israel. De estas referencias se desprende que Salmanasar derrotó en la batalla de Carcar, cerca de Hamat en Siria, a una coalición defensiva formada de siros y fenicios, ayudados por Israel bajo su rey Acab. A pesar de este éxito militar no pudo explotar sus ventajas y volvió a hacer la guerra contra la coalición unos doce años más tarde. Esta vez Salmanasar venció con igual facilidad a sus enemigos y capturó al rey siro Hazael. Sin embargo, la providencia no le era propicia, y los acontecimientos en el Oriente una vez más le obligaron a abandonar sus conquistas occidentales.

Conquistas de Asiria en el Occidente.

Comenzó la verdadera extensión de Asiria en el occidente durante el reinado de Tiglatfalasar II (745-727 a.C.), quien llegó hasta las fronteras de Israel y obligó al usurpador Manahem a pagarle

tributo (2 Reyes 15:19-20). Posteriormente, en atención a la solicitud de Acaz, rey de Judá, amenazado por las intenciones agresivas
de su vecino septentrional, Tiglatfalasar volvió a atacar a Israel, y
después de vencerlo, tomó varias de sus ciudades, trasladando a sus
habitantes a Asiria. Fue en esta época que las tribus de Rubén, Gad,
y la media tribu de Manasés fueron deportadas.

Salmanasar III (727-722 a.C.) invadió Fenicia al comienzo de
su reinado e impuso tributo a los reinos de Sidón, Acre, y la parte
continental de Tiro.

Oseas, el último rey de Israel, convino en pagarle tributo también, pero, posteriormente hizo una alianza con So, de Egipto, y se
negó a enviar su tributo anual, lo que trajo sobre él y su reino la ira
de Asiria. Salamanasar contestó tomándole prisionero y poniendo
sitio a Samaria, la que, tras un asedio de tres años, se rindió a su
sucesor Sargón II.

Sargón II (722-705 a.C.) Recibió la rendición de Samaria en el
mismo año que ascendió el trono, y en seguida deportó al pueblo
de Israel a Media y Asiria, reemplazando a los deportados por colonos asirios y cautivos llevados de Hamat, en Siria (2 Reyes 17:24-30
y 18:10-11). Más tarde Sargón derrotó a las fuerzas combinadas del
rey de Gaza y de So de Egipto, y en otra campaña puso fin al poderío de los heteos mediante la captura y destrucción de su capital
Carquemis.

El apogeo de Asiria.

El período 705-626 a.C. que constituye el apogeo de la grandeza
de Asiria, abarca los reinados de los tres monarcas Senaquerib,
Esarhadón y Asurbanipal. Sus hechos más notables para la Historia
Sagrada son los siguientes:

Senaquerib (705-681 a.C.) ya era guerrero experimentado
cuando subió al trono. Comenzó su reinado con una serie de campañas destinadas a restablecer el orden en sus estados tributarios.
Sometió a los fenicios, a los filisteos y al reino de Judá y derrotó
al ejército egipcio enviado en socorro del rey de Ecrón. Volvióse
enseguida contra los egipcios y los derrotó en la batalla de Elteque.

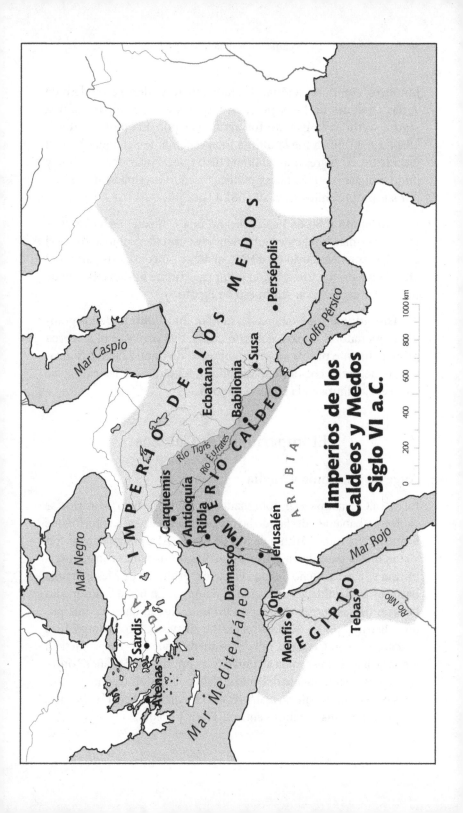

Imperios de los
Caldeos y Medos
Siglo VI a.C.

Entonces, con miras a tomar la ciudad de Jerusalén, se apoderó de varias ciudades de Judá, pero, en vísperas de lo que parecía una segura victoria, su ejército fue arruinado por una peste (2 Reyes 18:14-19; 35). Esta fue la última intervención de Senaquerib en el Occidente. Al regresar a Babilonia tuvo que sofocar una rebelión y pudo realizar algunas obras públicas siendo asesinado más tarde por sus propios hijos en el año 681 a.C.

Esarhadón (680-668 a.c.) dirigió una campaña enérgica contra sus hermanos rebeldes y, habiéndoles vencido, subió al trono el año siguiente. No tardó en dirigir su atención contra los países del Occidente, donde tomó Sidón e impuso tributo a Manasés, rey de Judá, además de llevar sus huestes a Egipto.

Asurbanipal (668-626 a.C.), su hijo, fue el último de los grandes emperadores asirios, gobernó en relativa paz, y se le recuerda principalmente por su enorme biblioteca de unos 22.000 cilindros y tejas de barro cocido, que ha sido descubierta en las ruinas de Nínive. No figura en la historia de Judá.

El Imperio de los Caldeos

Auge de Babilonia y Media.

En 616 a.C. Nabopolasar, gobernador de Babilonia bajo los asirios, se sublevó, y habiendo declarado la independencia de los territorios que le obedecían, tomó el título de Rey de Accad. Al año siguiente se creyó tan bien afianzado en el trono que dirigió sus armas contra Asiria misma y se hizo dueño de toda la parte meridional de Mesopotamia hasta las proximidades de la ciudad de Assur. En 614 a.C. los medas bajaron de sus serranías y capturaron esa ciudad antes de que pudiera llegar el rey de Accad para prestar su ayuda. Sin embargo, hizo una alianza con Ciaxares, rey de los medas, que los comprometió a ambos a atacar en seguida a Nínive. Tras un sitio de dos años Nínive capituló y fue totalmente destruida. Nabopolasar tomó como recompensa, todos los territorios asirios de la "Medialuna Fértil" y Ciaxares se apoderó de sus dominios entre el Tigris y Media.

Victoria sobre Egipto.

Mientras que se desmoronaba el poderío de Asiria, Necao, rey de Egipto, se había apoderado de la mitad occidental de la "Medialuna Fértil", inclusive del pequeño reino de Judá, cuyo rey Josías perdió la vida en un esfuerzo inútil para impedirle el paso (2 Reyes 23:29, 610 a.C.). Necao derrotó también a los sirios en esta batalla y en seguida tomó las ciudades heteas de Cadés y Carquemis. Su triunfo, sin embargo, no fue de larga duración. Nabucodonosor, príncipe heredero de Babilonia, se dirigió contra él y le venció rotundamente en la batalla decisiva de Carquemis (606 a.C.). Fue en medio del regocijo de esta victoria que Nabucodonosor recibió las noticias de la muerte de su padre, circunstancia que le obligó a regresar inmediatamente a Babilonia, donde ascendió al trono a comienzos del año siguiente.

Nabucodonosor y Judá.

Como resultado de la batalla de Carquemis, Judá, tan recientemente sojuzgada por Egipto, paso como botín de guerra al rey de Babilonia. Nabucodonosor la puso bajo tributo, pero en 603 a.C., el rey Joacim hizo caso omiso de sus obligaciones y no cumplió con sus tributos. Nabucodonosor lo castigo tomándolo preso y llevando a Babilonia los vasos del Templo, junto con varios personajes destacados en el reino en calidad de rehenes, figurando entre ellos Daniel. Es desde este cautiverio parcial que se empiezan a contar los «setenta años».

Al año siguiente Nabucodonosor destituyó a Joaquín, sucesor de Joaquim, reemplazándolo con Sedecías, quien, por espacio de unos ochos años pagó puntualmente su tributo. Fue su insubordinación en 569 a.C. lo que motivó el asedio y la destrucción final de Jerusalén dos años más tarde (567 a.C.).

Destrucción de Jerusalén. El castigo de Jerusalén por su rebelión fue terrible. Fueron incendiados sus palacios y su hermoso templo, destruidos sus muros y llevados a cautiverio todos sus habitantes con la excepción de los más pobres.

Sedecías fue llevado ante Nabucodonosor, quien le aguardaba en la ciudad de Ribla, sobre el Orontes en Siria, donde, después de presenciar la muerte de sus hijos, fue hecho ciego y llevado en cadenas a Babilonia para terminar sus días en presidio.

Otras Campañas de Nabucodonosor. Por esta época Nabucodonosor inició el asedio de la fortaleza insular de Tiro, que hubo de durar unos trece años (Ezequiel 29).

Más tarde, en 582 a.C. dirigió sus ejércitos contra aquella parte de Siria comprendida entre Líbano y Anti-líbano y conocida como Coelisiria, y también contra Moab y Amón junto con el remanente de los judíos que se quedaban en Judá (Jeremías 52:29).

En 572 y en 569 a.C. llevó sus armas a Egipto para castigarlo por la ayuda que había proporcionado a Jerusalén durante su última rebelión.

Grandeza de Babilonia.

La gran tarea de Nabucodonosor fue la reconstrucción de Babilonia que había sido destruida por Senaquerib en castigo por sus repetidas rebeliones. Este rey adoptó la política de transportar a Babilonia a los habitantes de los países conquistados, a fin de utilizar sus servicios en las grandiosas obras de embellecimiento que llevaba a cabo allí. Entre otras cosas, levantó una gran muralla alrededor de la ciudad de Babilonia; construyó para sí un magnífico palacio y para agradar a su reina, levantó los famosos Jardines Colgantes, que desde aquella época fueron contados entre las siete maravillas del mundo.

Los Sucesores de Nabucodonosor.

Evil Merodak (562-560 a.C.), hijo y sucesor de Nabucodonosor, sacó a Joaquim, rey cautivo de Judá, de su prisión, y le puso sobre los demás reyes sometidos (2 Reyes 25:27-30) pero su reinado fue de corta duración. Fue seguido en el trono por el usurpador Nergalsharusin (559-556 a.C.) quien a su vez fue sustituido por su hijo cuyo reinado no duró más de unos meses hasta su deposición a raíz de una conspiración encabezada por Nabonido (555-538 a.C.). Belsasar, hijo suyo, mandaba el ejército en el N. de Babilonia y compartía el trono con su padre, siendo el segundo en el reino. Murió en circunstancias trágicas la noche del famoso banquete que ofreció a sus nobles, mientras que los persas; invadían el país, Nabonido sobrevivió la muerte de sus hijos muchos años, siendo deportado a Carmania, donde Ciro le regaló una hacienda y le hizo gobernador de una provincia (Daniel 5:1).

Siria

1. Aram.

En el tiempo de Saúl los arameos o siros, que desde el tiempo de Abraham habían habitado en esa región de la "Medialuna Fértil" que se extiende entre el Líbano al S.O. hasta el Monte Masio al N.E. del Éufrates conocido como Aram, estaban organizados en pequeños reinos independientes que llevaban el nombre de su ciudad principal. Se distinguen en las Escrituras las siguientes divisiones de Aram:

a. *Aram-na-ha-raim* o «Aram de los dos Ríos», siendo los dos ríos aludidos probablemente el Éufrates y el Chebar. Se cree que esta región incluía Padan-aram y que Padán sea un lugar cerca de Harán que se conoce actualmente como Tel Fadán. Aquí habitaban los patriarcas antes de establecerse en Canaán, y en esta región se levantaba más tarde el reino de Edesa, que en el tiempo de Cristo fue un centro notable de cultura sira.

b. *Aram-damasco* era la porción de Aram dominado por Damasco que vino a ser el centro del poderío e influencia aramea al O. del Éufrates, y el rival y enemigo perpetuo del reino de Israel a partir de la división del Imperio de Salomón.

c. *Aram-soba* constituía otro reino floreciente en el tiempo de Saúl, situada al O. del Éufrates, entre Hamat y Damasco (1 Samuel 14:47).

d. *Aram-maaca,* se extendía desde el Jordán hacia el E. en la región del monte Hermón dentro del territorio prometido a Israel (1 Crónicas 19:6).

e. *Gessuri,* comarca dentro de los límites del territorio de Israel, situada cerca de Maaca, y dentro del Hermón y Basán, cuyos habitantes fueron hechos tributarios por los hebreos (Deuteronomio 3:14).

f. *Aram-bet-rehob,* formaba otro pequeño reino arameo en la vecindad de Maaca y Dan (2 Samuel 10:6).

7. Su Cultura y Comercio.

Los arameos se destacan como comerciantes a tal punto que controlaban toda esta actividad en Asia Menor y la mitad occidental de la "Medialuna Fértil". En la época de Salomón ya poseían una caligrafía alfabética y empleaban papiro, pluma y tinta en lugar del barro cocido. Favorecido así por su fácil aprendizaje y escritura, el arameo se extendió por toda la Medialuna, desplazando al asirio y siendo adoptado por los hebreos durante el cautiverio, y llevado por ellos a Canaán en el tiempo de la Restauración. Así vino a ser el arameo, el idioma corriente de Palestina en tiempo de Jesús.

a. *Los Reinos de Soba, Damasco y Hamat.* Los dos reinos de Damasco y Soba estaban bien organizados y fuertes en el tiempo de David, quien derrotó a sus ejércitos combinados e incorporó su territorio al Imperio de Israel. El reino siro de Hamat, a raíz de sus desavenencias con Soba y Damasco, se abstuvo de la coalición formada por ella y se sometió voluntariamente a David (2 Samuel 8:3-10).

b. *Independencia de Damasco y Rivalidad con Israel.* Sin embargo, Resón, noble damasceno que se salvó de la matanza que siguió a la derrota de Hadadezer, rey de Soba, de manos de David, logró ponerse a la cabeza de una pandilla, apoderarse de la ciudad de Damasco y hacerse rey de Siria, siendo adversario de Salomón durante todo su reinado (1 Reyes 11:23-25).

Después de la división del Imperio de Salomón, Siria vino a ser rival del reino de Israel con el cual sostuvo varias guerras, aunque se vio en la necesidad de aliarse con sus vecinos, inclusive Israel, para hacer frente a la agresión de Salmanasar, rey de Asiria, quien derrotó a esta coalición en la batalla de Carcar (1 Reyes 11:23-24 y 20:1-43).

La alianza, sin embargo, no había de durar mucho. Poco después de la derrota de Carcar, Israel se unió con Judá y atacó a los asirios en Ramot-galaad, donde Acab, rey de Israel perdió la vida (1 Reyes 22:1-37) .

c. *Apogeo de Siria.* Poco después Hazael efectuó un golpe de estado y se apoderó del trono de Siria (2 Reyes 8:7-15). Bajo su gobierno Siria se hizo fuerte y no tardó en someter a Israel y Judá para luego cobrarles tributo (10:32-33; 12:17-18, y 13:1-8).

d. *Caída de Siria.* La caída de Siria, sin embargo comenzó durante el reinado de este mismo Hazael.

   i. *Tributario de Asiria.* Unos doce años después de la batalla de Carcar, Salmanasar regresó con sus ejércitos y, habiendo derrotado a Hazael en el monte Hermón, le obligó a pagar tributo.

   ii. *Tributario de Israel.* Mientras que Benhadad, hijo y sucesor de Hazael se distinguía por su incapacidad para gobernar, Joás y Jeroboam II, reyes de Israel se mostraron enérgicos y agresivos, logrando reducir a Siria al estado de tributario.

   iii. *Fin.* En 734 Israel y Siria atacaron a Judá, cuyo rey, Acaz, solicitó la protección de Tiglatfalasar, rey de Asiria. Este tomó la ciudad de Damasco, llevó cautivos a sus habitantes a Kir y dio muerte a su rey (2 Reyes 16:5-9).

   iv. *Historia Subsiguiente.* A pesar de la perdida de su autonomía política, Damasco no tardó en recobrar su prosperidad comercial (Ezequiel 27:18). Con la caída de Asiria pasó como tributario sucesivamente de Babilonia, Persia y Macedonia. En tiempos neo-testamentarios, Damasco era una de las ciudades griegas que constituía el grupo conocido como Decápolis.

Egipto

Forma

El Egipto de la antigüedad se asemejaba en forma a una flor de loto, (planta importante en la literatura y en el arte egipcio), al extremo de un tallo sinuoso que tiene a la mano izquierda y un poco más abajo que la flor misma un botón de flor. La flor la compone el Delta del Nilo, el tallo sinuoso es la tierra fértil que se extiende a lo largo de dicho río, y el botón es el lago Fayum, que recibe el excedente de las inundaciones anuales del Nilo.

Breve reseña histórica

Orígenes Al alborear la historia, Egipto parece haber estado organizado en un sinnúmero de pequeños estados llamados «nomos», que, con el transcurso del tiempo venían fusionándose hasta constituir dos estados grandes; que correspondían a las dos regiones naturales en que se divide Egipto: el Bajo Egipto con su capital Menfis, y el Alto Egipto con su capital Tebas.

El Reino Unido Siendo el más fuerte de estos dos estados, el Bajo Egipto, gracias a la extraordinaria fertilidad de la región del delta, terminó por conquistar el Alto Egipto e incorporarlo al Reino Unido de los dos Egiptos. Durante este período florecía la agricultura y fueron explotadas las minas de cobre de la Península de Sinaí. El uso de armas y herramientas de cobre aumentó notablemente la grandeza de Egipto e hizo posible la construcción de edificios de piedra labrada. En esta época fueron reconstruidas las Pirámides; hecho que mereció para los reyes edificadores de tumbas tan colosales, el apodo de «faraón» o «casa grande».

Hacia fines de este período la difusión de la cultura alcanzó proporciones considerables pero, a medida que se mejoraban las condiciones de vida de los nobles, iban en mengua la jurisdicción y el poder del rey.

Los Hicsos Desprovistos de una autoridad central fuerte, los egipcios sucumbieron, fácilmente ante la invasión de un pueblo de ganaderos que procedían del Oriente cuya historia está envuelta en misterio. Poco después del tiempo de Abraham, o sea por el año 1800 a.C. estos pastores beduinos se establecieron en el Bajo Egipto e hicieron su capitán en Zoán. Su ocupación era tan repugnante a los Egipcios que fueron terriblemente odiados por estos. Bajo su rey Apepi II, según se cree, José alcanzó su elevación al puesto de primer Ministro de Estado de Egipto, lo que le valió para introducir a su familia en la tierra de Gosén durante la gran hambruna que afligió a toda la tierra habitada en aquellos días (Génesis 46:24).

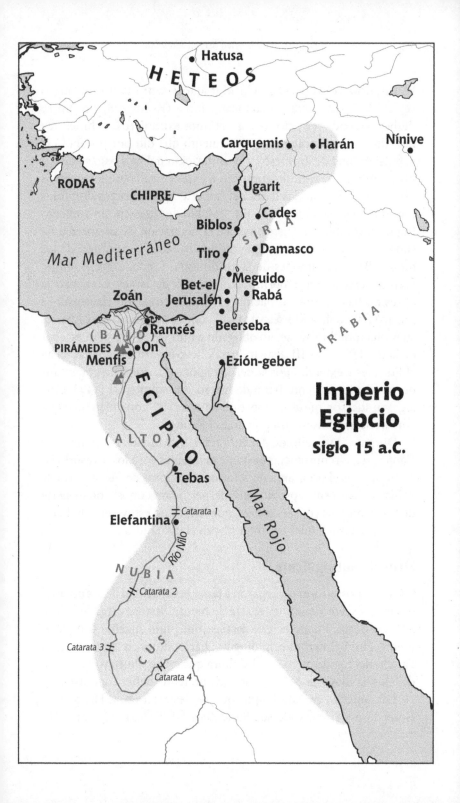

El Imperio (1531-1250 a. C.) «Levantóse entre tanto un nuevo rey sobre Egipto, que no conocía a José» (Éxodo 1:8) Por fin se desbordó el odio egipcio contra sus amos extranjeros. Aahmes, rey del Alto Egipto encabezó el movimiento que dio por resultado la expulsión total de los hicsos y la unificación del país bajo su administración. Acto seguido comenzó a extenderse sobre los pueblos vecinos y asentar así las bases del Imperio Egipcio cuyos dominios crecieron bajo sus sucesores. Este cambio de régimen, sin embargo fue desfavorable a los israelitas, cuya ocupación de pastores traía sobre ellos el mismo odio que motivó la caída y expulsión de los hicsos. Bajo los faraones de la 18.ª dinastía, fundada por Aahmes, fueron perseguidos y oprimidos los hijos de Israel. Comenzó la opresión bajo Totmes I, nacido 1571 a.C., cuya hija Hatsepsut se mostró favorable a Moisés y le trató como a su propio hijo. Muerta su protectora, Moisés se vio obligado a huir de Egipto para escapar de la ira de Totmes III. Este monarca llevó las armas egipcias hasta el Éufrates y extendió por aquellas regiones su dominio gobernando su propio país con mano de hierro. Amenhotep II (1493-1467 a.C.) su sucesor, fue el «hombre de dura cerviz» con quien tuvo que conferenciar Moisés para preparar el Éxodo.

Durante el reinado de Amenhotep III, se inició la conquista de Canaán, en circunstancias bastante favorables para los invasores israelitas, pues el programa de reformas religiosas en que este rey se había envuelto en su propio país, despertó tanta oposición de parte de los elementos conservadores, que Egipto no estuvo en condiciones de poder defender sus intereses en el extranjero.

Historia Subsiguiente

Los reyes posteriores no llegaron a tener la capacidad de los de la 18.ª dinastía, excepto quizá en el arte de mentir. Ramsés II (1364-1298 a.C.), se destacó tanto en esta materia que pudo engañar completamente a los primeros «egiptólogos», haciéndoles creer que fuera el Faraón del Éxodo, pero se sabe ahora que este embustero no vio, ni de lejos, la mayoría de los países que pretende haber conquistado.

Los únicos reyes de Egipto que se destacan en la Historia de Israel después del Éxodo son Sisac Zera, So, Tirhaca y Necao.

Sisac, dio asilo a Jeroboam durante su destierro y, después de la división del Imperio de Salomón, invadió Judá para despojarla de los tesoros de su templo y de su Palacio Real. Judá nunca se rehizo de este desastre.

Zera, el etíope, que luchó contra Asa, rey de Judá, fue derrotado y su ejército aniquilado en la batalla de Maresa. Es probable que este potentado se identificase con Osorkón II de la 22a dinastía.

So, con quien Oseas, último rey de Israel, hizo una alianza contra Asiria, no fue más que uno de los pequeños potentados que gobernaban los «nomos», en que se había fraccionado Egipto en este tiempo.

Tirhaca, contemporáneo de Ezequías, rey de Judá, avanzó contra Senaquerib durante su invasión de Judá y los pueblos vecinos. Según el relato de Senaquerib sobre esta campaña, Tirhaca le presentó batalla en Elteque, poco antes de la destrucción de las huestes asirias por una plaga misteriosa enviada por Jehová (701 a.C.). Tirhaca fue derrotado por Esarhadón y más tarde por Asurbanipal, cuando los ejércitos asirios invadieron Egipto para incorporarlo al Imperio Asirio.

Nacao, el rey egipcio que dio muerte a Josías, rey de Judá, comenzó su reinado con grandes obras públicas. Intentó construir un canal que uniera el Mar Rojo con el Mediterráneo, y envió una expedición naval fenicia que logró la circunnavegación del continente africano (610 a.C.). Dándose cuenta del derrumbe del poderío de Asiria, Necao dirigió sus ejércitos contra este país. De paso por Judá encontró la oposición gratuita de Josías, quien fue vencido y muerto en la batalla de Meguido. De regreso de una campaña victoriosa en la región del Éufrates, Necao destituyó al impío Joacaz, a quien llevó cautivo a Egipto, y puso sobre el trono de Judá a su hermano Joaquim en calidad de tributario. Necao regresó a Carquemis, donde había dejado su ejército, pero esta vez tuvo que hacer frente al joven Nabucodonosor, cuyo padre Nabopolasar recién había vencido a los asirios. Nabucodonosor le derrotó y aniquiló a su ejército, con lo que todas las conquistas egipcias pasaron automáticamente al poder caldeo (606 a.C.).

Medo-Persa

Media

Media, se extendía al O. y al S. del Mar Caspio, siendo limitada por los montes Zagros hacia el O., Partia hacia el E. y Elam y Persia hacia el S. Los Medos eran los «Madai» de Génesis 10:2. Pertenecían a la raza Indoeuropea. Eran ganaderos especializados en la crianza de caballos finos. Estuvieron organizados en tribus independientes hasta el período de la decadencia de Asiria, en que Fraortes aprovechó la debilidad de los amos para organizar a sus paisanos en un reino bajo su mando. Bajo Ciaxares, hijo suyo, los medos hicieron una alianza con los caldeos para dividir el imperio asirio, de acuerdo con la cual después de la destrucción de Nínive, Media anexó todos los territorios asirios al E. del Tigris, mientras que los caldeos se apoderaron de la "Medialuna Fértil"

Persia

Persia constituía en esta época un estado vasallo de Media, limitado hacia el SE. por el Golfo Pérsico, hacia el O. por Carmania y hacia el N. por Media y Portia. Los persas, como los medas, eran indo-europeos y se dedicaban también a la crianza de ganado caballar. Su organización también era tribal hasta que una de las tribus estableció su ascendencia sobre las demás, y conquistó el país vecino de Elam para formar así el reino de Anzán. Los hijos del primer rey, sin embargo, lejos de darse cuenta de las ventajas de la unidad, fraccionaron el reino en dos: Anzán y Persia.

Ciro y la Grandeza de Persia. En 555 a.C. Ciro II de Anzán, habiendo vuelto a unir los dos reinos, se rebeló contra Media y tras tres años de lucha, la derrotó en forma tan decisiva que pudo apoderarse de todo su imperio. Impresionados por estos sucesos, las grandes potencias de la época formaron una alianza defensiva con el propósito de presentar un frente unido contra la agresión, pero Ciro tomó la iniciativa antes de darles tiempo para ejecutar su plan.

Dirigiéndose primero contra Lidia en una guerra relámpago, tomó Sardis, su capital, e hizo prisionero a su rey Creso. Se precipitó

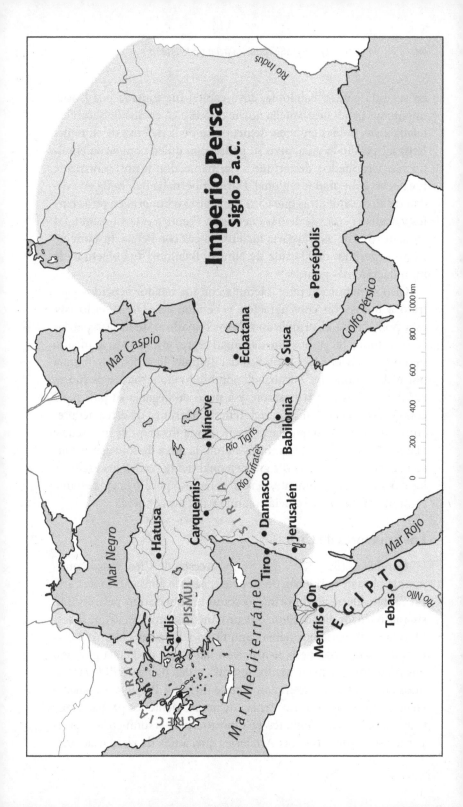

en seguida contra Babilonia, cuya capital fue tomada por Darío, uno de sus generales, aquella noche de 538 a.c. en que Belsasar festejaba a sus nobles en lugar de ocuparse de la defensa de su reino. Belsasar perdió la vida, pero su padre, con quien compartía el reino, fue perdonado y desterrado a Carmania, donde posteriormente fue hecho gobernador regional. Darío gobernaba Babilonia en calidad de virrey, mientras que Ciro afianzaba su imperio en otras partes y acababa con sus demás enemigos. Frente a esta situación, las ciudades de Grecia y Esparta hicieron la paz con Persia. Justamente 74 años después de la caída de Nínive, Babilonia fue objeto de la humillación más grande.

Ciro se manifestó muy tolerante con los estados vencidos y les trató a todos con consideración y benignidad. De acuerdo con esta política, en el primer año de su reinado ordenó la repatriación de todos los judíos que deseaban regresar a su país, al mismo tiempo devolviéndoles los vasos del Templo, llevados a Babilonia por Nabucodonosor. Zorobabel, nombrado Gobernador de Judea, encabezó a los que regresaron, y a poco de llegar a su país natal comenzó la reconstrucción del Templo. Después de estos acontecimientos Ciro tuvo que hacer frente a una invasión de los escitas. Habiendo entregado a Cambises su hijo la tarea de sojuzgar y consolidar el Occidente, se dirigió personalmente contra los escitas y los deshizo completamente, pero a su regreso perdió la vida en una escaramuza sin importancia con una tribu desconocida.

Los Sucesores de Ciro

Cambises, (529-522 a.C.), hijo y sucesor de Ciro, quiso continuar la obra de conquista de su padre, pero le faltó el tino de Ciro. En Egipto fue recibido primero como un libertador, pero insultó sin motivo a los dioses egipcios y profanó sus templos, lo que le restó toda la simpatía que había conquistado. En estas circunstancias recibió las noticias de la usurpación del trono de Persia por uno que pretendía ser su hermano, Smerdis, quien había perdido la vida unos años antes. Apresuradamente se dirigió a Persia pero falleció en el camino como consecuencia de un accidente. Es probable que Cambises, o quizás Gomates, el impostor que personificó a Smerdis y usurpó el trono, fuera el Artajerjes que, a raíz de las acusaciones de los vecinos enemigos de Judá, ordenó la suspensión de la obra de reconstrucción en Jerusalén.

Dario (521-485 a.c.), primo de Ciro, mató a Gomates y se apoderó del trono. En el segundo año de su reinado revocó la orden para la paralización de la reconstrucción de Jerusalén y ordenó la reanudación de la obra (520).

Jerjes (486-466 a.c.), hijo de Darío y Atosa, hija de Ciro, fue el Assuero del Libro de Esther, el cual pinta bien su carácter y personalidad. Llevó a cabo una campaña victoriosa contra Egipto pero fracasó rotundamente en su intento de invadir Grecia, siendo sus fuerzas diezmadas en la batalla naval de Salamina (480 a.C.).

Artajerjes (465-425 a.C.), hijo de Jerjes, en el séptimo año de su reinado (458 a.C.) permitió al profeta Esdras que llevara a un grupo numeroso de judíos a Jerusalén y en su vigésimo año envió a Nehemías como Gobernador de Jerusalén y de la región circundante. Artajerjes renovó la guerra contra los griegos, perdiendo como Jerjes, su ejército en la batalla decisiva de Eurimedonte (466 a.C.) con la que desvaneció a la vez toda esperanza de extender sus dominios en dirección a Europa.

Los tres últimos de estos reyes fracasaron en sus invasiones a Grecia. Los reyes subsiguientes no figuran en la Historia Sagrada.

Macedonia y los Imperios Griegos

Macedonia

Macedonia se halla inmediatamente al N. de Grecia, siendo sus habitantes, como los griegos, de descendencia Indo-europea, aunque su cultura siempre fue considerada por los helenos como inferior.

Felipe II de Macedonia A mediados del siglo cuarto antes de Cristo, Felipe, príncipe heredero del trono de Macedonia fue capturado por una banda de griegos y llevado en calidad de rehén a Tebas. Allí aprovechó su cautiverio para estudiar el arte militar griego y formular planes para el futuro. A su regreso a Macedonia, puso en ejecución su plan de modernizar el ejército y luego unificar

a todos los helenos bajo su gobierno, como preludio para la sojuzgación de Persia. Habiendo ya logrado sus dos objetivos primeros,
fue asesinado durante las fiestas nupciales de su hija (388 a.C.) en
vísperas de iniciar la invasión de Asia Menor.

Alejandro Magno Su hijo, Alejandro, hábil discípulo del insigne
filósofo Aristóteles, a pesar de no tener más de 20 años al subir al
trono, después de reafirmar su autoridad sobre los estados griegos,
se dirigió enseguida contra los persas, a la cabeza de su ejército de
4000 soldados. Derrotó rotundamente a Dario Codomano con un
ejército veinte veces más numeroso y pronto se adueñó de todo
el Imperio Persa. Mientras que Alejandro estaba en Tiro, envió
una embajada para demandar la sumisión de Judea, cuyo Sumo
Pontífice, Jadua jefe de la teocracia judía, no le hizo caso por ser vasallo de los persas. Sin embargo, cuando Alejandro, lleno de ira, se
dirigió personalmente a Jerusalén, Jadua, según el relato de Josefo,
resplandeciente en sus vestimentas sacerdotales, le salió a recibir.
Alejandro al verle, cayó a sus pies y adoró a Dios, explicando que,
antes de emprender su campaña de conquista, había visto en sue-
ños a la Deidad vestido como Jaduay que le había prometido la
victoria sobre el rey de Persia. Lo cierto es que Alejandro trató a los
judíos con gran consideración.

Alejandro se dirigió en seguida a Egipto, donde fundó la ciudad
de Alejandría antes de avanzar hacia el Oriente. Después de llegar
hasta la India, en marcha triunfal, murió el joven conquistador en
Babilonia en 323 a.C. a la edad de 33 años.

Repartición del Imperio de Alejandro Magno

La muerte repentina de Alejandro fue un verdadero desastre para
su vasto imperio, puesto que eliminó la única posibilidad de unificar Europa Oriental con Asia Occidental bajo la dirección griega.
Sus generales, envidiosos los unos de los otros, empezaron inmediatamente a pelear entre si y, tras larga lucha dejaron fraccionado
el imperio en cuatro reinos:

1. Tracia

y una parte de Asia Menor adjudicadas a Lisímaco.

2. Macedonia y Grecia,

que correspondió a Casandro.

3. Siria y el Oriente,

bajo Seleuco.

4. Egipto,

bajo Tolomeo hijo de Lages.

En los dos últimos reinos mencionados seguía la obra de helenización empezada por Alejandro bajo gobernadores sabios y artistas griegos, hasta que la civilización y la cultura griegas llegaron a dominar todo el mundo antiguo.

Grandeza de Egipto

Bajo los Tolomeos, gracias al poderío de la flota, Egipto vino a ser el más poderoso de estos estados y pudo mantener esta supremacía hasta fines del siglo segundo antes de Cristo. La numerosa colonia de judíos en Alejandría gozó de amplia libertad y llevó a cabo, bajo la protección real, la traducción de las Escrituras al griego, que se conoce como la Septuaginta, o versión de los Setenta. Estas condiciones prevalecieron hasta que Tolomeo IV, durante su campaña contra Siria profanase el Templo de Jerusalén y en venganza por el temor sobrenatural que se apoderó de él a raíz de su imprudencia, comenzó a perseguir a los judíos y a enajenar su simpatía. Su hijo, menor de edad, le siguió en el trono.

Grandeza de Siria

Bajo Antíoco III Siria creció rápidamente en poder e importancia. Hizo la guerra a Tolomeo IV de Egipto, y arrebató Palestina a su hijo. Los judíos le dieron la bienvenida como a un libertador y luego recibían de él una subvención anual para los sacrificios en el Templo. Su nieto, Antíoco IV, mejor conocido por su sobrenombre «Epífanes» (el loco), a causa de su campaña helenizante en Judea, precipitó la sublevación de los Macabeos, que continuaba bajo sus sucesores hasta lograrse la independencia de Judea en tiempo de los reyes asmoneos en 106 a.C.

Independencia de Judea

Juan Hircano (134-104 a.C.), hijo de Simón Macabeo, en su testamento dejó el gobierno civil a su viuda y el Sumo Sacerdocio a su hijo Aristóbulo quien mediante un golpe de estado, se apoderó del gobierno y encarceló a su madre para dejarla morir de hambre. Así comenzó la historia vergonzosa del reino asmoneo, que hubo de durar hasta el tiempo de Herodes el Grande. Aristóbulo (104-103 a.C), encarceló también a sus hermanos, pero tras un reinado de un año murió y fueron ellos puestos en libertad.

Alejandro Janeo (103-76 a.C.), comenzó su reinado matando a su hermano más cercano para asegurarse tanto del Sumo Sacerdocio como del gobierno civil Durante su reinado, tuvo lugar la guerra con Egipto, junto con una guerra civil en la que él lleva la peor parte, hasta que un cambio inexplicable de opinión popular lo restableció en el trono. Celebró este triunfo con gran banquete en Jerusalén crucificando en presencia de sus esposas y concubinas a 800 enemigos, masacrando después a las esposas e hijos de estos. Siempre enemigo de los fariseos, poco antes de su muerte aconsejó a su esposa, que a su muerte llamara a los mismos fariseos para poner su cuerpo a su disposición y ofrecer gobernar según sus consejos.

Alejandra (76-67 a.C.), obedeció estas instrucciones y los fariseos, encantados dieron al rey fallecido un entierro magnífico. Reconocieron a Hircano, su hijo, como Sumo Sacerdote y todo les fue bien por un tiempo, hasta la muerte de Alejandra.

Hircano (67 a.C.), le sucedió nominalmente en el trono, pero su enérgico hermano menor, derrotó a los fariseos y obligó a Hircano a retirarse a la vida privada.

Aristóbulo (67-63 a.C.), entonces subió al trono para comenzar su larga lucha contra las intrigas de Antípater el político idumeo cuyo hijo, Herodes, vino a ser rey de Judea, poniendo de esta manera punto final al capítulo más vergonzoso de la historia del país.

Roma

Italia y los Romanos

Durante el siglo después de las conquistas de Alejandro Magno, Italia, que por su posición geográfica constituía el centro y corazón del Mar Mediterráneo y junto con los países circundantes, vino a constituir el centro de gravedad política en el mundo antiguo. Según las tradiciones, que, cabe decir de paso, no son muy fidedignas por ser inventadas mayormente por los griegos durante el segundo siglo a.C., la fundación de Roma fue obra de Rómulo y Remo en el año 754 a.C. Lo cierto es que, desde comienzos muy humildes, Roma se extendía en círculos de influencia cada vez más amplios, hasta que a mediados del siglo III a.C. ya dominaba toda la Península Itálica.

Conquistas iniciales

1. Cuenca Occidental del Mediterráneo.

Por este tiempo ya los cartagineses se extendían en dirección a Sicilia. Amenazada la ciudad de Mesina por ellos, sus habitantes solicitaron la ayuda de los romanos, quienes, gustosos, se unieron al combate en contra de sus rivales, y así se inició la Primera Guerra Púnica (264-241 a.C.), que terminó con la victoria romana a consecuencia de la cual se produjo la anexión de las islas de Sicilia. Durante los 20 años de tregua que siguieron, Roma se apoderó también de Córcega y Cerdeña y sojuzgó a los galos del valle del Pó. La Segunda Guerra Púnica (218-202 a.C.), a pesar de la larga serie de victorias brillantes del cartaginés Aníbal, terminó con su derrota, mientras que la Tercera Guerra (149-146 a.C.), puso fin para siempre a la grandeza de Cartago y dejó toda la cuenca occidental del Mediterráneo en manos de Roma.

2. Cuenca Oriental

Estas guerras sembraron las semillas de la conquista de la cuenca oriental puesto que Filipo V de Macedonia había ayudado a

El Imperio Romano
en los tiempos
neotestamentarios

Aníbal, y Antíoco el Grande de Siria le había brindado asilo después de su derrota. Filipo fue vencido y los esfuerzos de su hijo Perseo, para vengar la derrota fracasaron. Ante esta demostración del poderío de Roma, casi todos los príncipes del Oriente optaron por reconocer su supremacía y aliarse con la potencia superior. Antíoco el Grande había soñado con la conquista de Grecia pero fue vencido por los romanos en la batalla de Magnesia y a su nieto, Antíoco Epífanes, que se había propuesto agregar Egipto a sus dominios, le bastaba una represión de parte de Roma para que desistiera. Hubo una que otra escaramuza en el Oriente después de mediados del segundo siglo antes de Cristo, pero desde aquella fecha todo el mundo tuvo que reconocer la supremacía de la República Romana.

Forma de Gobierno

La República duró hasta que Augusto, el joven sobrino de César, después de la derrota de las fuerzas de Antonio en la batalla de Accio, efectuó una serie de transformaciones en la administración pública que cambiaron radicalmente la estructura del Estado Romano. En forma muy inteligente concentró en sus manos todo el poder ejecutivo, conservando a la vez todos los antiguos puestos, procedimientos y formas exteriores del sistema republicano. Así, sin que se diera cuenta el pueblo romano, la República se transformó en Imperio.

Intromisión Romana en Palestina

Pompeyo, destacado militar de familia noble, fue enviado al Oriente para luchar contra Mitrídates, rey ambicioso de Ponto, que soñaba con la conquista de toda Asia Menor. Vencido Mitrídates, se refugió con su suegro, Tigranes, rey de Armenia. Las tropas griegas enviadas contra él se amotinaron, Mitrídates regresó a Ponto y Tigranes se aprovechó de la confusión para apoderarse de Siria. El Senado Romano envió a Pompeyo al frente de otro ejército a restaurar el orden, nombrándole a la vez Gobernador de las Provincias de Asia. Mientras que Pompeyo estaba en Damasco, desempeñando este papel, Aristóbulo e Hircano sometieron a su arbitraje sus diferencias, mientras que el pueblo se quejaba de ambos. Pompeyo, deseando un rey títere, favoreció a Hircano. Aristóbulo intentó oponerse al fallo y cuando el ejército romano fue admitido a Jerusalén por Hircano, se encerró con unos dos mil de sus partidarios en el Templo, circunstancia que obligó a Pompeyo a tomarlo por asalto (63 a.C.). Penetró luego en el Lugar Santísimo sorprendiéndose al encontrarlo vacío. Sin embargo, no tocó los vasos sagrados ni el inmenso tesoro, antes bien ordenó que el Templo se purificara. Pompeyo encomendó a Hircano el gobierno civil sin permitirle el uso del título real y redujo a Judea a dependencia de la provincia romana de Siria.

Galbino, Pro-cónsul de Siria. Alejandro, hijo de Aristóbulo II, se escapó del poder de los romanos e intentó recuperar el reino de su padre, pero fue vencido por Galbino, Pro-cónsul de Siria, quien cansado de la ineptitud de Hircano, le privó de la autoridad civil y la entregó a cinco consejos llamados sanedrines. Así se libraron los judíos momentáneamente del poder temporal del Sumo Sacerdote.

Craso y el Primer Triunvirato. Julio César, líder del partido popular en Roma; Pompeyo, destacado militar, y Craso, millonario, formaron para gobernar la República una sociedad conocida como el «Primer Triunvirato», en que cada socio tuvo la dirección de cierta zona y el mando de un ejército. A Craso le tocó el Oriente. Envidioso de la reputación militar de los otros socios, Craso se propuso sojuzgar el imperio de los partos y llevar el dominio de Roma hasta el Golfo Pérsico. Para financiar tamaña expedición, saqueó el Templo de Jerusalén (55 a.C.) y lo despojó de 1000 talentos. Poco después perdió dinero, ejército y vida a mano de los partos.

Muerto Craso, se indispusieron Pompeyo y César. Este puso en libertad a Aristóbulo y a su hijo Alejandro y les envió a Judea, pero ambos perecieron en el camino a manos de los partidarios de Pompeyo.

César. Antípater, habiendo ayudado a César en su campaña contra Egipto, recibió la ciudadanía romana y fue designado Procurador de Judea, mientras que su títere Hircano recibió el título de Etnarca. Fasael, hijo de Antípater, fue hecho Gobernador de Jerusalén y Herodes, quien no tenía más de quince años, fue nombrado Gobernador de Galilea.

Casio. Cuando en el 43 a.C. murió asesinado César, Casio uno de los conjurados, se hizo gobernador de Siria e impuso a Jerusalén un tributo de 700 talentos. A raíz de ciertas dificultades en reunir este tributo, Antípater fue envenenado.

El Segundo Triunvirato: Lépido y Marco Antonio, amigos de César, se apoderaron del tesoro público y dominaron la ciudad de Roma con su ejército, hasta que se presentó Octavio, sobrino y heredero de César. Octavio tomo a su servicio a los veteranos de su tío para mejor respaldar sus derechos y por fin hizo un arreglo con los otros dos para formar un Segundo Triunvirato que funcionó hasta la eliminación de Lépido por inepto, en 36 a.C.

Los dos socios entonces dividieron la República entre ellos, tomando Octavio el Occidente y Marco Antonio el Oriente. Este arreglo era fatal para Antonio, quien desde el momento de su llegada a Asia, cayó víctima de los encantos de la fascinadora reina egipcia, Cleopatra. La conducta escandalosa de Antonio, cuya mujer legitima era Octaviana, hermana de su socio, pronto fue castigada. Fue vencido Antonio por las fuerzas de Octavio en la batalla naval de Accio en el año 31.

Mientras tanto, Herodes se había comprometido con Meriamne, nieta del Sumo Sacerdote, Hircano, estableciendo en esta forma una alianza con la casa asmonea. Al mismo tiempo, mediante sus regalos, se había asegurado el favor de Antonio, quien le nombró Tetrarca de Judea (41).

Aprovechándose de los amores de Antonio y Cleopatra, Antígono, hijo menor de Aristóbulo compró la ayuda de los partos para recuperar el trono de su padre, marchó contra Jerusalén, y tomó prisionero a Fasael, hermano de Herodes, y a Hircano. El primero se suicidó y el segundo fue mutilado para que no pudiera continuar en el Sumo Sacerdocio.

Octavio. Mientras que los partos se recompensaban saqueando el país, Herodes escapó a Roma, donde fue nombrado Rey de Galilea por Octavio. A su regreso, puso sitio a Jerusalén tomándola tras un asedio de seis meses, Antígono fue ejecutado por Octavio a instigación de Herodes.

Después de la batalla de Accio, Herodes trabo amistad con Octavio, quien tomó el título de «Augusto» (Venerable) y recuperó por orden de él todas aquellas partes de Palestina que Antonio había regalado a Cleopatra y recibió además las ciudades de Gadara, Samaria, Joppe, Gaza y la Torre de Straton. De esta manera Herodes vino a poseer todo el territorio ocupado por las doce tribus, además de la región de Idumea.

A la muerte de Herodes, poco después del nacimiento de Cristo, Augusto nombró a Herodes Antipas, Tetrarca de Galilea y Perea, y a Felipe, Tetrarca de Auranitis y Traconitis. Arquelao recibió Judea con el título de Etnarca, hasta que diera pruebas de merecer el título de rey, honor que nunca alcanzó, pues sus súbditos se quejaron de su tiranía y motivaron su destitución en 7 d.C. De esta manera Judea fue reducida a provincia bajo la administración de un Procurador subordinado al Prefecto de Siria. Murió Augusto en 14 d.C. siendo seguido en el trono por:

Tiberio (14-37 d.C.) a cuyo honor Herodes Antipas nombró la nueva ciudad construida por él sobre el Lago de Galilea. Poncio Pilato fue nombrado Procurador de Galilea durante su reinado (26-37 d.C.) .

Calígula, el emperador siguiente y amigo de Herodes Agripa I, fue un verdadero loco. Este sacó a Herodes Agripa de la cárcel donde lo había colocado Tiberio, y le entregó el gobierno de dos tetrarquías al E. de Galilea, con el título de rey. También desterró a Poncio Pilato a raíz de su mala administración de Judea. Cuando fue asesinado Calígula (41 d.C.) Herodes Agripa, estando a la sazón en Roma, evitó que su cuerpo fuese profanado, lo que le granjeó el favor de:

Claudio (41-54 d.C.) quien le nombró rey de Judea y Samaria. Claudio favorecía a los judíos al comienzo de su reinado, pero después los desterró de Roma. En este tiempo también Herodes Agripa emprendió una persecución de los cristianos y ejecutó a Jacobo y encarceló a Pedro, quien escapo en forma milagrosa de sus manos. Fue este Herodes el que pereció comido por los gusanos.

Roma y los cristianos

Nerón (54-68 d.C.), hijo adoptivo de Claudio, emprendió la primera persecución contra los cristianos. En su tiempo gobernaba Félix (53-60) y Festo (61-62) como Procuradores de Judea. Por orden de Nerón fue ejecutado el apóstol Pablo en Roma. En 66 se sublevaron los judíos y fortificaron la ciudad de Jerusalén contra los romanos. Frente a este desafío, Nerón envió a su general Vespasiano para reconquistar Judea. Fue cuando estaba ocupado en esta tarea que murió Nerón y se precipitaron los acontecimientos que terminaron en la elevación de Vespasiano al trono imperial.

Galba (69 d.C.), gobernador de España, proclamado emperador por los pretorianos, pronto disgustó a estos por sus esfuerzos para restablecer la disciplina. Los pretorianos se sublevaron, lo asesinaron y pusieron en su lugar a

Otón (69 d.C.). Envidiosas las tropas de la ingerencia de los pretorianos en la elección de los emperadores, el ejército del Rhin desconoció a Otón y nombró en su reemplazo a

Vespasiano (69-79 d.C.), quien a la sazón estaba en Palestina y decidió tomar cartas en el asunto. Venció a Vitelio en Cremona y en seguida se dedicó al restablecimiento del orden. La guerra en Palestina que se había quedado paralizada desde su partida para Roma, fue renovada por su hijo Tito, quien en el 70 d.C., puso sitio a Jerusalén y, tras un terrible asedio de cinco meses, la tomó por asalto. El Templo fue quemado, la ciudad destruida y sus habitantes que se escaparon del cuchillo transportados a Roma para trabajar como esclavos en la construcción del gran coliseo.

Tito (79-81 d.C.), su hijo mayor quien le sucedió en el trono, conquistó las simpatías de todo el mundo por su trato humano. No sufrieron los cristianos bajo su gobierno.

Domiciano (81-90 d.C.). Nombrado por el Senado, introdujo la costumbre de adoptar a su heredero y sucesor en el trono, dándose así comienzo a la dinastía Antonino o de «los Buenos Emperadores». Estos fueron Trajano (98-117), Adriano (117-138), Antonio Pío (138-101) y Marco Aurelio (101-180).

CAPÍTULO 3

Palestina

Palestina era un punto focal en el mundo antiguo merced a su ubicación entre los continentes de Asia y África, y los mares Mediterráneo e Índico. Aunque su extensión territorial era mucho más reducida que la de sus poderosos vecinos, Palestina ha contribuido a la historia de la humanidad con páginas de importancia transcendental, y ha hecho sentir su influencia hasta los últimos confines de la tierra. El desenvolvimiento de esta historia no se aprecia debidamente sin correlacionarla con su escenario geográfico.

El propósito del capítulo presente es ofrecer al lector una vista panorámica del medio geográfico en que la historia se verificó.

Nombres, Situación y Extensión

El referido territorio ha tenido diversos nombres en el transcurso de los siglos, siendo los más comunes Canaán, Palestina y La Tierra de Promisión, los cuales se han empleado en sus distintos sentidos y diferentes limitaciones

Canaán: Nombre original tomado del ancestro de sus primitivos habitantes, designaba en un principio una sección de la región costanera de Palestina ocupada por Fenicia, extendiéndose más luego a Sarón en distinción a la Cordillera Central, pero más tarde se aplicaba en primer lugar a incluir el Valle del Jordán y después a toda la región entre el Jordán y el Mediterráneo, que se halla entre el Líbano al N. y el desierto del Mediodía. Con frecuencia se da a esta comarca, exclusivamente, el nombre de Palestina. El área de Canaán es cosa de 26.390 Kms2, la cual incluye el terreno filisteo, que alcanzaba a 4.589 Kms2 en la época de su mayor extensión territorial. Su anchura de Aco al Mar de Galilea es 42 Kms. y de Gaza al Mar Muerto 88 Kms. (Números 32:26-32)

Palestina: El segundo término, Palestina, es una adaptación de la palabra filistea que significa el terreno de los filisteos, quienes habían desempeñado un papel muy importante en la historia hebrea, por lo que los escritores griegos y latinos lo aplicaron a todo el país.

Palestina, propiamente dicha, la Tierra de las Doce Tribus, que abarca Canaán y la región Transjordánica, está ubicada en el extremo meridional de la curva occidental de la "Medialuna Fértil", entre 31° y 35° latitud N. y 32° 15' y 34° 30' latitud E., limitada al N. con el río Leontes, el monte Líbano y el monte Hermón, al E. con el desierto Siríaco, al S. con el desierto Arábigo, y al O. con el Mar Mediterráneo.

Las fronteras de Palestina que tienen la forma de paralelogramo encierran un área de 26.390 Kms$_2$, siendo la mayor longitud del territorio cosa de 288 Kms.

La Tierra de Promisión: En el sentido más lato de la palabra se refiere al territorio en toda su extensión que Dios había prometido a Abraham, el cual fue poseído por Israel solamente durante una parte de los reinados de David y Salomón.

Abarca el rectángulo de terreno entre el Sihor (torrente de Egipto), Monte Hor y Cades-barnea por el S. extendiéndose a la entrada de Hamat por el N. y entre el curso superior del Éufrates al NE. hasta el mar Mediterráneo al O. Su área total no excede 155.01 Kms2.

Otras designaciones tales como La Tierra de Israel, El País de los Hebreos y La Tierra del Eterno, no necesitan explicación (1 Samuel 13:19; Génesis 40:15 y Levítico 25:23).

Aspecto físico

Costa.

La Costa de Palestina es en general muy uniforme e inhóspita. Al N. del promontorio del Carmelo, el Líbano proyecta al mar puntos rocosos que forman buenas pero pequeñas bahías las cuales antiguamente ofrecían abrigo a las embarcaciones fenicias, pero al S. de dicho cabo la costa carece por completo de bahías profundas que pudieran proporcionar protección natural a la navegación; en

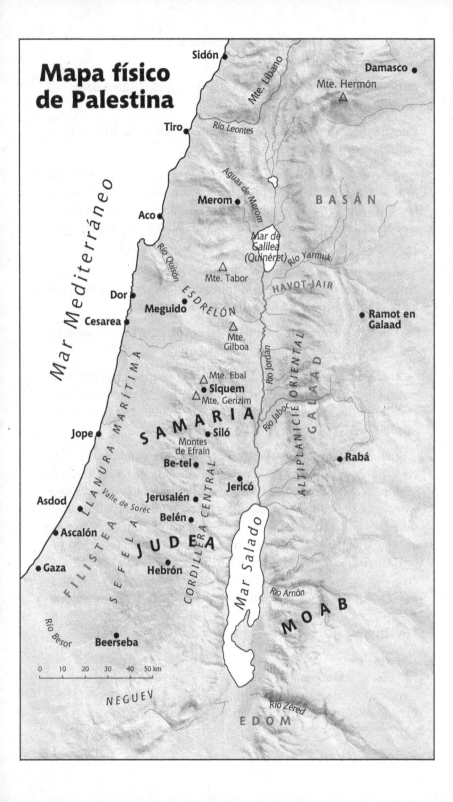

Mapa físico de Palestina

Sidón

Damasco

Mte. Hermón

Mte. Líbano

Río Leontes

Tiro

BASÁN

Aguas de Merom

Merom

Aco

Mar Mediterráneo

Río Quisón

Mar de Galilea (Quinéret)

Río Yarmuk

Mte. Tabor

HAVOT-JAIR

ESDRELÓN

Dor

Meguido

Cesarea

Mte. Gilboa

Ramot en Galaad

ALTIPLANICIE ORIENTAL

GALAAD

Río Jordán

Mte. Ebal

Siquem

Mte. Gerizim

SAMARIA

Jope

Siló

Río Jaboc

Montes de Efraín

Rabá

Be-tel

LLANURA MARÍTIMA

Jericó

Asdod

Jerusalén

Valle de Sorec

Belén

Ascalón

SEFELA

FILISTEA

JUDEA

CORDILLERA CENTRAL

Mar Salado

Gaza

Hebrón

Río Arnón

MOAB

Río Besor

Beerseba

0   10   20   30   40   50 km

NEGUEV

Río Zéred

EDOM

cambio, van extendiéndose hasta el delta egipcio bancos de arena y acantilados que alcanzan una altura de 9 a 30 m.

Puertos: Mencionaremos los principales de sus así llamados «puertos», en orden de importancia:

Jope, que a pesar de ser una rada peligrosa ha sido un centro comercial marítimo desde tiempos remotos. Aunque en la actualidad constituye un importante desembarcadero de peregrinos, carece de comodidades portuarias, siendo necesario que los buques carguen y descarguen en barcazas a corta distancia de la playa.

Aco, puerto de mar de Aser, llamado Tolemaida en los tiempos Neotestamentarios, y Acra en la época de las Cruzadas, se halla a 40 Kms. al S. de Tiro y a 13 Kms. distante del Carmelo.

Dor. No era una bahía naturalmente protegida, sin embargo, fue utilizada en tiempo del Antiguo Testamento.

Gaza. Había un embarcadero cerca de la antigua población del mismo nombre. La ciudad moderna a 4 Kms. del mar se distingue por sus grandes arboledas de olivos y por su industria de la manufactura de jabón; y, en la época neotestamentaria:

Cesarea, puerto artificial entre Jope y Tiro, construido por Herodes el Grande, y terminado a tiempo para llevar el Evangelio al Occidente.

En Ascalón, Asdod, igual que en otras partes de la costa, existen ruinas que indican que antiguamente el hombre trataba, infructuosamente, de construir muelles permanentes. El mejor puerto del país en la actualidad es Haifa, al pie del Carmelo, conectado por ferrocarril con Egipto y Siria. Constituye un eslabón importante en los servicios aéreos, que unen Palestina con Inglaterra, Persia, la India y Europa, además de ser un gran centro industrial.

Divisiones Naturales.

Palestina es un país pequeño, pero tiene una configuración muy variada. Se distinguen cinco regiones físicas casi paralelas que con ciertas modificaciones se extienden a lo largo del territorio y que van a converger en las montañas del Líbano y Antilíbano. Estas son:

1. La Llanura Marítima; 2. La Séfela; 3. La Cordillera Central; 4. El Valle del Jordán; y, S. La Altiplanicie Oriental.

1. Llanura Marítima.

Se extiende por la costa mediterránea como una faja estrecha que va dilatándose hacia el S. Es de tierra ondulante y altamente productiva cuya altura oscila entre 45 y 75 m. Suele dividirse esta comarca en cuatro secciones, a saber:

a. *Fenicia,* incluye la faja angosta de terreno que se extiende desde la Escalera de Tiro, o sea, el promontorio al S. de Tiro, hasta la ciudad isleña de Aradus. Sus límites variaban en diferentes épocas, extendiéndose en el tiempo del Salvador hasta el S. del Carmelo. Tiro y Sidón eran sus ciudades principales, siendo esta última la primera que se hizo célebre.

b. *Acre.* Véase la llanura de Esdraelón.

c. *Sarón.* Este florido llano se abre al Sur del Carmelo y se extiende unos 75 Kms. hasta Jope. En la parte N. había grandes arboledas de robles, extensos páramos y largas lenguas de arena, provenientes de la costa, que se internaron en el territorio. Por otro lado, la parte S. era notable por sus prados de ricos pastos y la abundancia de lirios y anémonas que tapizaban su suelo, pero desgraciadamente mucha de su antigua belleza y fecundidad ha desaparecido hace mucho tiempo por falta de cultivo.

Hoy en día, gracias a los esfuerzos de las colonias agrarias judías establecidas en diversas partes de Palestina, se consigue que este llano florezca como antaño.

d. *Filistea.* Con este nombre se designa la sección meridional de la región costanera, que se desplaza hasta el río de Egipto, surgiendo de vez en cuando en pequeñas cadenas de 75 m. de elevación y entrecortados acá y acullá por profundas cañadas regadas por numerosos riachuelos.

Servia esta llanura de asiento a los filisteos, pueblo fronterizo de Judá y enemigo acérrimo de este.

2. Séfela.

Regada por los torrentes Besor y Sorec, y de suelo muy apropiado para el cultivo de olivos, uvas y granos, la Séfela está formada por las ramificaciones de los contrafuertes del altiplano de Judá, del cual están separadas parcialmente por una serie de valles que se extienden desde Ajalón hasta cerca de Beerseba. Sus ciudades fortificadas eran Laquis, Debir, Libna, Azeca y Betsemes. Era la histórica comarca de disputa entre los israelitas y los filisteos, y en una postrera época entre los greco-sirios y los macabeos.

3. Cordillera Central o Espinazo del País.

Es una continuación de la cordillera del Líbano que va extendiéndose de N. a S. desde las faldas de la expresada cordillera hasta el desierto de Arabia Petrea. Las subdivisiones de esta región que son más bien políticas que físicas, son cuatro:

a. *Alta Galilea.* Al S. del río Leontes la cordillera Líbano desciende a una elevada meseta, denominada Alta Galilea, cuya elevación por término medio alcanza 840 m. Su límite meridional se extiende desde Aco al O. hasta el extremo septentrional del Lago de Galilea al E. Del Jebel-jermuk, su picacho más alto de 1.200 m., se desprende la mayoría de las cadenas de esta comarca. Hay pocas vistas panorámicas tan embellecidas por la naturaleza como las que se vislumbran desde las cumbres de sus montes.

b. *Baja Galilea,* triangular en forma, más fértil y populosa que la Alta Galilea, se halla al S. de ésta, extendiéndose por el Mar de Galilea y el Jordán por el lado oriental, y descendiendo a la llanura de Esdraelón por el lado S. y SO. Sus montes forman una serie de pequeñas serranías paralelas, divididas por anchos valles que atraviesan la comarca en dirección este-oeste, cuya elevación oscila entre 150 y 550 m.

La ubérrima llanura de Esdraelón regada por el río Cisón se extiende entre el monte Carmelo y Aco por el O. y los montes de Tabor, Pequeño Hermón y Gilboa por el E. con ramales que van al Jordán. Este llano divide la Cordillera Central en dos, conectando así el Valle del Jordán con la Llanura Marítima.

Al S. de Esdraelón un ramal del «Espinazo» llamado Carmelo, de 24 Kms. de largo, se lanza al NO. donde se proyecta mar adentro terminando bruscamente en el promontorio del mismo nombre (único existente en la costa de Palestina), formando así el límite meridional de la bahía de Aco. Su elevación por el lado SE. es cosa de 523 m., pero en el promontorio solo alcanza 173 m. Carmelo está conectado hoy con Jope o Jaffa por servicio de ómnibus.

c. *La Tierra Montañosa de Samaria y Judá.* Los montes de la meseta de Samaria o «Monte Efraín», están agrupados separadamente, lo que permite abundantes extensiones de terreno cultivable. Por el lado O. los montes descienden en grandes escalones a la Llanura Marítima, mientras que al E. el descenso al Jordán es muy pronunciado.

Un poco al S. de Ebal y Gerizim, las eminencias de importancia de Samaria, la Cordillera Central viene a consolidarse más, manteniendo una altura mayor y más uniforme, constituyéndose entre Betel hasta cerca de Beerseba en Judá, en un macizo compacto de una elevación de 765 m. por término medio, con laderas pendientes en ambos lados, siendo la vertiente oriental la más escabrosa y al mismo tiempo la menos fértil. Sus valles corren en dirección 0. al Mediterráneo y E. al Jordán.

Debido al hecho de que el declive oriental de la Cordillera Central es el más acentuado, la línea divisoria de aguas se encuentra no exactamente a medio camino entre el Jordán y el Mediterráneo, sino un tanto al E.

d. *El Negueb.* Comprende la región de terreno escarpado y agreste de unos 96 Kms. de longitud, que se extiende en dirección este a oeste entre Beerseba y Cades-barnea. Los ejércitos de invasión nunca escalaron dicha comarca escabrosa para llegar a Beerseba, Hebrón o Jerusalén, sino que seguían al N. por vía de Gaza o del Mar Muerto.

Con una adecuada atención a la conservación de agua y al sistema de regadío, el suelo semiárido del Negeb podía mantener una numerosa población en tiempos primitivos

e. *Valle del Jordán.* Constituye la gran falla geológica, que se extiende desde Siria entre las cordilleras del Líbano y Antilíbano a través de la Palestina hasta Ezión-geber Propiamente dicho el término se aplica a aquella parte de la quiebra, entre los mares Tiberias y Muerto, llamado por los árabes el «Ghor», que quiere decir «hondonada». Por razones desconocidas se ha hundido la superficie de la tierra aquí, para formar la depresión más profunda del mundo.

El Valle del Jordán se encuentra a una elevación de 515 m. sobre el nivel del mar, bordeado por las cadenas montañosas del Líbano y Hermón. La elevación del Lago de Merom sobre el nivel del mar es insignificante, pero el Lago de Galilea se halla a 205 m. bajo el nivel del Mediterráneo. Luego en la distancia de 194 Kms. que hay entre el aludido lago y el Mar Muerto, desciende 183 m. más.

Al S. del Mar de Galilea el ancho del valle mide 6½ Kms. dilatándose en Betsán, a 13 Kms. Luego se estrecha hasta solo medir 3½ Kms. en la región donde los montes de Samaria se cargan al E., ensanchándose nuevamente al retroceder estos, a 12½ Kms Finalmente, en la feraz llanura de Jericó, llega a su máxima anchura de 22½Kms.

Su suelo, en parte arcilloso y arenisco, se interrumpe por riscos de greda gris e innumerables moles de formas fantásticas, que imprimen a aquel lugar un aire un tanto triste y desolador. Gran parte de este valle, sin embargo, es de sorprendente fertilidad y todo susceptible de cultivo.

El Valle del Jordán no constituía antiguamente una barrera infranqueable, pero dificultaba la comunicación y libre tráfico entre las tribus hermanas en ambos lados.

4. Altiplanicie Oriental.

Es la prolongación del Antilíbano. En su conjunto los montes de esta región son más uniformes, más pendientes y de mayor elevación que los de Palestina Occidental, alcanzando una altura de 850 m. por término medio en una gran extensión de tierra. Todo este territorio montuoso, visto del O. a través de la depresión del Jordán, parece un impresionante muro paralelo al horizonte.

El suelo es poco apropiado para la agricultura, pero se presta admirablemente para el desarrollo del ganado vacuno y lanar. Tres son las divisiones de esta región:

a. *Basán.* Representa la comarca. que más tarde compuso las provincias romanas de Auranitis, Traconitis, Gaulonitis e Iturea, y que se extiende desde el río Hieromax al S. hasta el Líbano al N. Excluyendo la región agreste de piedra de basalto al E. llamada Argob, crece con lozanía el pasto en sus pintorescos prados, donde pacían antiguamente los afamados toros. Por otro lado, Basán se caracteriza por su escasez forestal. (Véase la nota sobre Decápolis más adelante).

El número de poblaciones amuralladas que antiguamente salpicaban su superficie, sobre todo en el lado oriental, era asombroso. Hasta hoy las casas de aquellas ciudades con puertas macizas de una sola pieza de piedra se hallan en un estado notable de conservación.

Atravesaban antiguamente Basán las grandes rutas de caravanas que conducían a Canaán Meridional, y a Edom.

b. *Galaad.* En las Escrituras el término Galaad se emplea para designar tanto el Monte Galaad, como la región circundante llamada la Tierra de Galaad, aunque en Deuteronomio 34:1 parece que abarca toda la comarca transjordánica. Monte Galaad a su vez puede haber denotado solamente la cadena de montañas al S. del Jaboc (Génesis 37:25; Números 32:1 y Génesis 31:25). Pero Galaad, propiamente dicha, se extiende unos 112 Kms. paralela al Jordán entre los ríos Hieromax al N. y el Arnón al S., constituyendo la zona más larga de la Meseta Oriental. El río Jaboc divide este territorio en dos partes casi iguales. Los declives de su cadena de montes se hallaban antiguamente cubiertos de vigorosos bosques de roble, alcornoque, sicómoro y encinas, sobre todo en la región al N. del Jaboc.

Su industria característica y distintiva era la ganadería, mientras que entre sus productos figuraban el bálsamo y gomas aromáticas, según Jeremías 8:22. Toda esta comarca, hermosamente accidentada, ofrece paisajes de incomparable belleza, pero por otro lado, como representaba tierra fronteriza, estaba expuestas constantemente a las incursiones de las tribus nómades del desierto.

c. *Moab.* Constituye la sinuosa meseta elevada de piedra caliza de 960 m. de elevación, comprendida entre los ríos Arnón y Zared. Su frontera oriental está separada del desierto por una serie de colinas y ondulaciones, mientras que su borde occidental desciende precipitadamente al Mar Muerto. Este territorio está entrecortado por estrechos pasos que atraviesan el país del E. al O. entre los cuales hay extensos llanos que en un tiempo eran altamente productivos, pero que hoy en día se hallan desolados y casi sin mieses.

El «Campo de Moab» no debe confundirse con los «Llanos de Moab». Aquel constituye el territorio moabita, y estos se refieren a la región al E. del Jordán en frente de Jericó, y a lo largo de la playa oriental del Mar Muerto al N. del río Arnón, región que en un tiempo estaba incluida en el territorio moabita (Números 26:3) .

Hidrografía.

Los ríos de Palestina forman dos vertientes: 1. La del Mediterráneo y 2. La del Jordán.

1. Vertiente del Mediterráneo,

a la cual pertenecen todos los riachuelos que, nacen en la falda occidental de la Cordillera Central que corren hacia el 0. para echar sus aguas en el Mar Mediterráneo. Casi todos constituyen caudalosos torrentes en la estación lluviosa, pero durante el estío amengua tanto el caudal de sus aguas, que pueden ser vadeados con facilidad. Los principales son:

a. **El Leontes,** que forma el límite septentrional de Canaán, desagua la parte S. de Coelesiria. Después de correr en dirección S. SE. hasta un punto cerca del monte Hermón, vira súbitamente en dirección 0. siguiendo su curso casi en línea recta hasta el Mediterráneo, en donde vierte sus aguas a 8 Kms. al N. de Tiro.

b. **El Belus,** el Sihor-Libnat, mencionado en Josué 19:26, es un pequeño arroyo situado al SO. de la tribu de Aser, que va a desembocar en el Mediterráneo al N. de la bahía de Acre. La ribera de este río es el lugar tradicional del descubrimiento del vidrio.

c. **El Cisón.** Después del Jordán es quizá el río más importante de Palestina. Dimana del 0. de Betsán y corre de SE. a NO. bañando el llano de Esdraelón, y siguiendo su curso tortuoso atraviesa luego la llanura de Acre. Finalmente arroja sus aguas en el Mediterráneo (Jueces 5:21).

d. **El Sorec.** Este torrente tortuoso que tiene su origen a 21 Kms. al 0. y un poco al S. de Jerusalén, sigue en dirección NO. hasta su desembocadura entre Jope y Ascalón (Jueces 16:4).

e. **El Besor.** Hállase situado al SO. de Canaán. Es el principal de los ríos que desaguan en la costa occidental de Palestina al S. del Carmelo. Vierte sus aguas en el mar al S. de Gaza (1 Samuel 30:9-10).

f. **El Sihor** (Sihor Rinocoluro) es una corriente invernal del desierto en la frontera meridional de Palestina (Véase Arabia Petrea). (Josué 13:3).

2. **Vertiente del Jordán.**

Esta comprende: a. El Jordán; b. Sus afluentes Orientales y Occidentales; y c. Sus Lagos.

a. **El Jordán,** único en su género, está formado por la confluencia de cuatro corrientes que se unen cerca de la extremidad septentrional del Lago Merom, a saber:

   i. *Barreighit,* que constituye la única cabecera occidental.

ii. *Hasbany,* es el arroyo más largo, aunque el menos cauda-
loso de los cuatro, que emana de un manantial en uno de
los contrafuertes del Hermón.

iii. *Leddan,* la fuente central que sale del Tell-el-Kady (Antiguo Dan), en el seno del mismo Valle del Jordán.

iv. *Banías* (el antiguo Cesarea-Filipo) que irrumpe impetuo-
samente de una cueva al pie del Hermón. Es el más impresionante de todos por su belleza.

El Jordán recorre 64 Kms. desde Hasbany hasta el lago Merom,
cuyas aguas atraviesa, para luego seguir precipitadamente unos 24
Kms. hasta el Mar de Galilea, otro lago alimentado por él Saliendo
del aludido lago se advierte un curso tortuoso que desciende
la quebrada en una carrera veloz e impetuosa entre multitud de
meandros caprichosos, innumerables caídas, cataratas y zig-zags,
perdiendo profundidad a medida que se acerca al Mar Muerto, en
donde van a parar sus aguas. La distancia en línea recta de su trayectoria desde las nieves del Hermón hasta su desembocadura llega
a cerca de 215 Kms., pero si se toma en cuenta sus múltiples sinuo-
sidades llega a unos 320 Kms. Su anchura medía entre 27 y 45 m.
oscilando su profundidad entre 1½ y 3½ m. (Génesis 32:10).

El río está flanqueado a ambos lados por riscos de greda gris
entre los cuales se notan empinados los tamarindos, sauces, adelfas
y otros árboles sub-tropicales. Los bosques y espesos matorrales
en la parte S. servían antiguamente de guarida a las fieras. No se
atravesaron sus aguas por puentes hasta la época de los romanos,
pero las escrituras hacen referencia a los vados, uno de los cuales
se hallaba enfrente de Jericó, otro cerca de la desembocadura del
Jaboc, y otro cerca de Sucot.

Ha sido en diferentes épocas teatro de portentosos sucesos. Sus
aguas se separaron para dar paso a los israelitas al iniciar la conquista del país (Josué 3:1-17), y más tarde permitieron el tránsito de
los profetas Elías y Eliseo. Naamán el Siro, se curó de la lepra en sus
aguas y en una postrera época Juan el Bautista bautizaba en ellas.
Finalmente en las mismas se sometió al rito del bautismo nuestro
Salvador.

b. *Sus afluentes orientales son:*
i. *El Hieromax, o Jarmuc* que riega el altiplano de Basán.

ii. *El Jaboc,* corriente perenne que atraviesa los montes de
Galaad Vierte sus aguas en el Jordán, a las dos terceras
partes de la distancia que hay del Mar de Galilea al Mar
Muerto (Génesis 32:22).

c. **Occidentales.** El único digno de mencionar es el Querit que
se supone desembocaba en el Jordán a corta distancia del N.
del Mar Muerto (1 Reyes 17:5).

d. **Sus Lagos son:**
   i. *Merom,* hoy llamado Huleh, ocupa la parte meridional de
   un valle pantanoso. Es triangular, de 6 Kms. de largo por 5
   Kms. de ancho, y el más septentrional de los lagos abaste-
   cidos por el Jordán. De poca profundidad, gran parte de su
   superficie está cubierta de plantas acuáticas (Josué 11:5-7).
   ii. *Galilea* o Cineret, el bellísimo lago de Palestina septentrional, cuyas aguas se renuevan constantemente por las
   del Jordán (Números 34:11).
   iii. *Mar Muerto.* Ocupa la parte inferior de la depresión vol-
   cánica que se extiende a través de la Palestina de N. a S.
   Además del caudal del Jordán, recibe las aguas de muchos
   riachuelos y manantiales, la mayoría de los cuales nacen
   de fuentes sulfurosas o atraviesan un terreno salitroso, de
   manera que su contenido salino es muy elevado antes de
   desaguar en el Lago.

   La longitud del Mar Muerto es de 76 Kms. y su mayor
   anchura no excede de 16 Kms. Su profundidad máxima
   llega a 390 m. un poco al N. de la desembocadura del
   Arnón, y su superficie debajo del nivel del Mediterráneo
   se halla también a unos 390 m. La forma regular del lago,
   de óvalo alargado, está interrumpido por un promontorio
   llamado el Lisán o la «lengua», que se proyecta mar adentro a una distancia de 12 Kms. por el lado SE. La parte
   S. de la península es sencillamente una laguna, de una
   profundidad que mide entre 1 y 2½ m.

   En casi toda su extensión está rodeado por un baluarte
   de riscos desnudos, dispuestos en terrazas, que llegan a
   veces por el lado occidental hasta las orillas del mar, y de-

trás de los cuales por el lado oriental se levantan los empinados montes de Moab. La angosta playa de cascajo de variable anchura está tachonada de enormes cantidades de madera de deriva blanqueada al sol, además de masas de betún y fragmentos de azufre. Pese a la vegetación que brota alrededor de los manantiales de agua dulce que burbujean por entre el cascajo, el aspecto general de toda esta región es de lobreguez y desolación.

Se distingue el mar por no tener salida, pero se mantienen sus aguas en un nivel constante debido en parte a la infiltración, pero principalmente a la evaporación; el calor excesivo que predomina en aquella depresión acelera enormemente la evaporación, circunstancia que explica la elevada cantidad de sal que abunda en sus aguas, en proporción de 28 libras de sal en cada 100, comparado con 6 libras de sal que se encuentran en 100 libras de agua de mar (Números 32:19).

Sus Afluentes

a. *Orientales.*
   i. *El Arnón,* que forma la frontera entre Moab y Rubén, desemboca en el punto medio de la orilla oriental del Mar Muerto (Josué 13:9).
   ii. *El Zared,* que constituye el límite meridional de Moab (Deuteronomio 2:13).

b. *Occidentales.*
   i. i. *El Kedrón o Cedrón,* un torrente que nace al NO. de Jerusalén que solamente tiene agua en la temporada de las avenidas. Separa Jerusalén del Monte de los Olivos (2 Samuel 15:23).

Montes.

En vista de la importancia que han adquirido las eminencias topográficas en la Historia Sagrada, convendría mencionar las más importantes de ellas. Para facilitar el estudio se les divide como sigue:

1. Los Montes de Palestina Occidental; y, 2. Los de Palestina Oriental.

1. Montes de Palestina Occidental.

a. *Líbano* (Deuteronomio 1:7), que quiere decir «blanco», denominado así por la piedra caliza de que está formado y por su blancura nívea en el invierno, se halla al NO. de Palestina. Es digno de notarse de paso, que el Líbano es más bien una cordillera que un solo picacho, como indicara su nombre en las Escrituras. Aunque los hebreos aluden con frecuencia a su magnificencia, nunca lo poseyeron (Altura: término medio 1900 m.; del Jabel Macmal su picacho más alto, 3060 m.).

Los milenarios cedros que cubrían sus declives fueron utilizados con frecuencia en la construcción de templos, palacios y mástiles de las embarcaciones fenicias.

b. *Cuernos de Hatin,* o las «Bienaventuranzas» (Mateo 5:1). Con este nombre se designa de ordinario un monte al O. de Tiberias, en donde el Salvador pronunció el «Sermón del Monte» (Altura 365 m.).

c. *Tabor* (Josué 19:22). Grande y hermosa montaña desde cuya cumbre se obtiene una sublime vista panorámica de casi toda Palestina, se yergue al NE. de la ubérrima llanura de Esdraelón. Sus laderas en un tiempo estaban cubiertas de verdura y ricos pastos y en parte de hermosos bosques de gruesos robles y laureles, además de mil arbustos y fragantes flores. Aquí Barac revistó a los 1000 hombres con los cuales desbarató el ejército de Sisara.

Algunos opinan que fue este monte la escena de la Transfiguración, pero un argumento de peso para desvirtuar esta creencia de que en la meseta que constituye su cumbre, existía una fortaleza en el tiempo del Salvador (Altura 552 m.).

d. *El Peque*ño *Hermón o Moreh* (Deuteronomio 11:30) entre los montes Tabor y Gilboa (Altura 544 m.).

e. **Gilboa** (1 Samuel 28:4). Constituye el ramal NE. del monte Efraín, cadena que se inclina al O. NE. y E. SE. en una longitud de 12½ Kms. con una anchura de 5-8 Kms. en cuyas cercanías del lado oriental, se realizó la muerte trágica de Saúl y sus hijos (Altura 504 m.).

f. **Carmelo** (1 Reyes 18:17-40). No debe confundirse con la ciudad de Carmelo al SE. de Hebrón, lugar de residencia de Nabal, indigno descendiente de Caleb. Propiamente dicho es una cadena de montañas cuya pendiente occidental es muy escarpada y abunda en cuevas, las cuales probablemente servían de escondite a los cien profetas socorridos por Abdías. A la sombra de sus terebintos y árboles frutales, se verificaron los grandes sucesos de Elías.

g. **Ebal y Gerizim** (Deuteronomio 11:29), montes de Samaria, están separados el uno del otro por un vallecito en cuya entrada se encontraba la antigua Siquem. En estos montes se renovó el Pacto, poco después de iniciar la Conquista. A Ebal llevó Josué seis tribus para que pronunciaran las maldiciones sobre los transgresores de la Ley, y seis llevo a Gerizim para que diesen lectura a las bendiciones a los que observaban la Ley según la ordenanza de Moisés. Nada más bello en Palestina que el panorama que se domina desde Ebal, que comprende todo el país, con excepción del Negeb (Altura 924 y 853 m. respectivamente).

h. **Sion y Moría** (Génesis 22:2 y 1 Crónicas 3:1), eminencias sobre las cuales estaba construida Jerusalén. El arca fue guardada en Sion, hasta que Salomón la transfiriese al templo que había sido construido sobre el monte Moría. Más tarde el nombre Sion servia para incluir a Moría también. Es por esta razón que se menciona Sion 154 veces en la Biblia y Moría solamente 2 (Altura 765 m.).

i. **De los Olivos** (Zacarías 14:4 y Mateo 24:3), situado a 1½ Kms. al E. de Jerusalén, de la cual esta separado por el valle del Cedrón (Altura 799 m.).

j. *Hebrón* (Josué 14:12-13), ubicado al S. SO. de Jerusalén (Altura 909 m.).

2. Montes de Palestina Oriental.

a. *Hermón Mayor* (Deuteronomio 3:8-9). Formó el límite NE. de las conquistas de Israel bajo Moisés y Josué. Está casi desprovisto de vegetación, pero majestuoso. Su magnificencia se acentúa por las nieves que coronan su cima perpetuamente y que descienden por sus empinados declives en largos y ondulantes surcos (Altura 2.750 mts.).

b. *Galaad* (Génesis 31:23), un monte de regular elevación situado al SE. del Hieromax (Altura 900 m.).

c. *Pisga* (Deuteronomio 3:27). Era el nombre dado a aquella parte de la cordillera de Abarim cerca del rincón NE. del Mar Muerto. Desde su cumbre, Nebo, Moisés pudo avistar la Tierra Prometida desde Dan hasta Beerseba, poco antes de morir.

d. *Nebo* (Deuteronomio 32:49-50), un picacho de los montes de Abarim «que esta frente a Jericó» (Altura 801 m.).

Llanuras.

Como Palestina es reducida en tamaño, ondulada y cruzada de cordilleras, pocas son las extensiones de terreno que pueden llamarse propiamente llanuras. Las que se designan como tales pueden dividirse convenientemente en dos grupos:

1. Las de Palestina Occidental; y, 2. Las de Palestina Oriental.

1. Llanuras de Palestina Occidental.

a. *Genesaret,* llano ameno y fértil en Alta Galilea que producía higos y uvas en abundancia (Mateo 14:34).

b. *Zabulón,* en Galilea Central, ceñida de colinas, con sus fértiles y verdes prados revestidos de llores en la primavera, ya ha perdido su antigua belleza por falta de cultivo.

c. **Esdraelón** (Véase la referencia de esta llanura en «La Cordillera Central»). Puede dividirse en tres secciones bien definidas:

   i. *La Llanura Marítima de Aco,* que bordea la bahía de su nombre al O., bañada por los ríos Cisón y Belus, era en un tiempo muy productiva, aunque hoy permanece en estado eriazo.

   ii. *La Llanura Central,* forma la parte principal del Esdraelón, que se extiende en forma triangular entre el estrecho paso que se abre a la llanura de Aco al O. y los montes de Tabor y el Pequeño Hermón al E. Es esta la llanura de Meguido de las Escrituras, cuyo nombre se deriva de la ciudad de Meguido que estaba ubicada en su frontera SO. (Zacarías 12:11).

   iii. *El Valle de Jezreel.* Los ramales de Esdraelón al E. son tres: uno entre Tabor y Moreh, que desciende al Jordán, otro, entre las vertientes de Moreh y los montes de Baja Galilea por el N. y la cadena de Gilboa por el S., región ésta mencionada en el Antiguo Testamento bajo el nombre del Valle de Jezreel. Posteriormente dicho nombre se aplicaba a toda la Llanura de Esdraelón. El tercer ramal se halla entre Gilboa y las colinas alrededor de Enganim. Betsán, la ciudad principal de Jezreel, se halla a 6 Kms. distante del Jordán (2 Samuel 4:4).

     Bañada por el río Cisón, había antiguamente pocos lugares de igual fertilidad como esta muy mencionada llanura de Esdraelón. Como su elevación mide solo de 30 a 90 m. constituía un excelente campo para los carros de guerra, y muchos han sido los combates que se han librado en su suelo, siendo los principales en el tiempo del Antiguo Testamento, los que se mencionan en Jueces 7 y 1 Samuel 31:1-5, etc.

d. **Sarón y Filistea** (Véase la referencia sobre «La Llanura Marítima»).

e. **Jericó,** o «Llanura del Jordán». De asombrosa fertilidad, constituye aquella parte del Valle del Jordán que se ensancha por su ribera derecha en las inmediaciones de la ciudad de Jericó (Génesis 13:10-11).

2. Llanuras de Palestina Oriental.

a. *Haurán,* forma la tierra llana y feraz entre Gaulonites y el Jebel-haurán, denominado antiguamente el «Granero de Damasco».

Valles.

Siendo la superficie del país muy accidentada, abundan los valles, de los cuales se citaran solamente los principales en: 1. Palestina Occidental; y, 2. Palestina Oriental.

1. Valles de Palestina Occidental.

a. *Siquem,* de suelo rico y fértil, se extiende entre los montes Ebaly Gerizim. Los tres valles siguientes hallan en la Séfela (Jueces 9:7 y Josué 20:7).

b. *Ajalón,* lugar constantemente devastado por los filisteos y cananeos y disputado posteriormente por los greco-sirios y macabeos, corre en dirección E. a O. en una longitud de 18 Kms. al NO. de Jerusalén. La aldea del mismo nombre se hallaba cerca de este valle (Josué 10:12).

c. *Sorec,* atravesado por el río del mismo nombre (Jueces 16:4).

d. *Acor,* atractiva hondonada en la frontera de Judá al S. de Jericó con excelentes invernas, en donde Acán fue muerto a pedradas (Josué 7:24-26).

e. *De los Terebintos,* «del *Alcornoque*» *o* «Ela», que corre cerca de Soco, era célebre por haber sido testigo de la muerte de Goliat por David (1 Samuel 17:2).

f. *Rafaim.* Con este nombre se conoce el valle situado en la frontera septentrional de Judá (2 Samuel 5:18-25).

g. *Cedrón,* se extiende a lo largo del límite E. de Jerusalén (Véase: «Jerusalén»).

h. *Escol,* pequeño pero bien regado valle, muy contiguo a Hebrón en la parte N. en donde los espías encontraron unos racimos de uvas casi fabulosas de grandes para llevárselas a Moisés como muestra de la feracidad del suelo (Números 13:24).

i. *Sidim.* Se entiende por este nombre el valle de betún en las inmediaciones del Mar Salado (Génesis 14:3-8).

j. *Sitim,* de ubicación desconocida, pero identificado por algunos con la garganta por la cual corre el arroyo Cedrón (Joel 3:18).

2. Valles de Palestina Oriental.

a. *Sucot.* Probablemente es el que recorre el arroyo Jaboc (Génesis 33:17).

Desiertos.

Los desiertos de Palestina que citan las Escrituras, no representan siempre regiones rocosas y estériles, sino la mayoría de las veces tranquilas soledades, despobladas en gran parte, poco susceptibles de cultivo, pero cubiertos de buenos pastos.

A continuación se dan los más notables en: 1. Palestina Occidental; y, 2. Palestina Oriental.

1. Desiertos de Palestina Occidental.

a. *Jericó.* Comarca atravesada por el camino que «desciende de Jerusalén a Jericó», sembrada profusamente de enormes guijarros y estrechos y rocallosos desfiladeros, servía antiguamente de guarida a salteadores. Corre entre la ciudad de Jericó y el Monte de los Olivos (Lucas 10:30-35).

b. *Tecoa,* es una región solitaria con abundantes pastos, contigua al desierto de Judá. Se extiende desde la población del mismo nombre hasta la orilla derecha del arroyo Cedrón (Amós 1:1 y 2 Crónicas 20:20).

c. *Judea,* a veces llamada «Jesimón», representa aquella faja de tierra desnuda, pedregosa, y de agreste aspecto, que recorre casi toda la costa occidental del Mar Muerto (1 Samuel 17:28 y Números 23:28).

d. *Engadi,* situada en las alturas del lado occidental del Mar Muerto a 40 Kms. al SE de Jerusalén. Su suelo árido y agrietado contiene multitud de cuevas y espaciosas cavernas (1 Samuel 24:1-23).

e. *Beerseba,* ubicada en el límite meridional de Palestina, adyacente al territorio filisteo (Génesis 21:14).

2. Desiertos de Palestina Oriental.

a. *Betsaida.* Dehesa solitaria, pero de extraordinaria fertilidad; se halla en el lado NE. del Lago de Galilea (Lucas 9:10).

Clima.

La Palestina, pequeña en extensión, hermosamente accidentada, con grandes elevaciones y depresiones, con montañas y valles, con collados y vegas, con ríos y desiertos, presenta las más variadas condiciones climatéricas. En términos generales su clima es sub-tropical, benigno y saludable, sin calor excesivo, excepto en algunos valles y en los lechos profundos de los ríos. El mes de más calor es agosto, y enero es el de más frío.

Estaciones.

Los hebreos dividían el año en dos estaciones, a saber:
1. La Seca; y, 2. La Lluviosa.

1. Verano o la Estación Seca.

Comienza desde mediados de abril y dura hasta más o menos a fines de octubre. Es la época de las cosechas y de los trabajos agrícolas, caracterizada por días cálidos y noches de copioso rocío, por una campiña abrazada por el sol, por arroyos secos y por un cielo sereno y sin nubes.

2. Invierno o la Estación Lluviosa.

Se extiende desde fines de octubre hasta mediados de abril. La caída de lluvias es muy escasa hasta los últimos días de noviembre, desde cuando comienza a ser copiosa hasta mediados de marzo, fecha en que se señala generalmente una marcada disminución en el volumen de las aguas que dura hasta abril. Se distingue esta época por las tempestades de granizo y por la nevada que cae en la Cordillera Central y en el Altiplano Oriental, en los meses de enero y febrero, donde queda por corto tiempo, pero nunca se le ve en el Valle del Jordán.

Vientos.

Durante el verano los vientos soplan principalmente desde el NO. Debido a la ausencia de factores que tiendan a bajar su temperatura y provocar así la condensación, no dan lugar a lluvias, aunque atemperen los ardores estivales. En cambio, durante el invierno dominan los vientos del O. y SO. que vienen cargados de humedad, los cuales al chocar con las frígidas cumbres de las cordilleras precipitan sus lluvias.

Además de los referidos vientos predominantes, hay otros temporales. En el mes de octubre, principalmente, sopla un viento seco y frío del N. El Siroco, es el nombre dado a los vientos calurosos y deprimentes que provienen del desierto en la primavera, y que soplan del E. SE. S. y a veces del S. SO. Arrastran un finísimo limo, perjudican la vegetación y ocasionan languidez y fiebre (Jeremías 4:11).

«La **Lluvia Temprana**» y «Tardía» **y el** «Rocío **del Cielo**», a menudo se mencionan en las Escrituras. Veamos su significado.

Lluvia Temprana. Constituye la lluvia fuerte de corta duración que suele caer por uno o varios días consecutivos hacia fines de octubre, o a veces a comienzos de noviembre. Inaugura el año agrícola pues refresca la tierra después de un verano cálido, ablandando el suelo agrietado para la arada y la siembra (Deuteronomio 11:14).

Lluvia Tardía. Es el nombre que se aplica a las caídas intermitentes de lluvia que se presentan a fines de marzo y en el mes de abril. Puesto que vienen antes de la cosecha y la sequía de verano, son de tanta importancia para el país como las lluvias grandes. Por las razones expuestas la Biblia no hace mención de las lluvias principales, y da lugar prominente en sus páginas a las «temprana» y a la «tardía». La sequía o hambruna mencionada con frecuencia en la Historia Sagrada se debe a la falta de estas lluvias (Santiago 5:7).

Rocío del Cielo. La palabra «rocío» se emplea en las Escrituras en forma de hermosos símiles para describir aquello que nos viene sin ruido pero que resulta una bendición, como el verdadero rocío para las plantas.

De noche la tierra se enfría más que el aire, determinando que la evaporación contenida en la atmósfera se condense y se deposite en la enfriada superficie. Esto es lo que constituye el rocío. En el Salmo 133:3 se hace referencia al rocío del monte Hermón, formado por el aire húmedo y cálido que asciende del Valle del Jordán y que se condensa al chocar con las heladas faldas del aludido monte, produciendo el rocío. El rocío en Palestina favorece grandemente el desarrollo de la vegetación durante la sequía, época en la que es copioso (Génesis 27:28, y Deuteronomio 32:2).

Aspecto Económico.

Se considera en las divisiones siguientes: 1. Mineralogía; 2. Botánica; y 3. Ganadería.

1. Mineralogía.

Palestina no es una región metalífera. Los constitutivos principales de su suelo son: la piedra caliza, la creta, el espato perlado, la sal gema, etc. Incrustaciones de azufre se encuentran en las inmediaciones del Mar Muerto. El asfalto nota sobre la superficie del mismo lago. El fierro se encuentra en pequeñas cantidades en el monte Líbano y en Aser, pero el bronce, el plomo, el estaño, el cobre, el oro, la plata, el topacio, la esmeralda, el rubí, el zafiro, el diamante, etc., no fueron desconocidos por los hebreos, pues eran importados del extranjero.

2. Botánica.

La agricultura y la ganadería constituían en la antigüedad su gran fuente de riqueza y su principal aporte. Su misma configuración y climas contribuyeron a que se cultivaran con buen éxito los cereales, prosperando igualmente la vid, el olivo, y toda clase de árboles frutales, legumbres y hortalizas, además de una gran variedad de fragantes flores. Los bosques de cedro, pino, ciprés, olmo, castaño, encina, roble, sicómoro, etc., eran de renombre en tiempos bíblicos (Deuteronomio 8:7-9).

3. Ganadería.

Con lozana vegetación aun en sus mismos «desiertos» el suelo se presta admirablemente para la cría de ganado, tanto caballar como mular, lanar y porcino. Entre sus animales salvajes figuraban antiguamente el lobo, el leopardo, el chacal, la hiena, el leoncillo y el oso, etc.

Hasta la época anterior a la primera guerra mundial de 1914-1918, Palestina presentaba en gran parte un aspecto de esterilidad y desolación, ocasionado por las devastaciones de las interminables guerras y mal gobierno de los siglos, los cuales la despojaron de sus bosques y dejaron incultas sus llanuras, valles y terraplenadas colinas, tan ricamente cultivadas en otros tiempos. En la actualidad cuenta con una crecida población de judíos quienes llevan a efecto importantísimas mejoras en el cultivo de la campiña, y alcanzan notables progresos en las ciudades importantes mediante la construcción de fabricas, talleres, colegios y edificios públicos, etc. Las industrias también van tomando notable incremento, y merced al aumento de vías de comunicación el transporte motorizado ha adquirido gran desarrollo

Entre sus exportaciones actuales podemos citar no menos de 5.500.000 cajones de naranjas que anualmente se envían al extranjero; además, se estima que del Mar Muerto pueden extraerse enormes cantidades de potasio, bromo, sal y cloruro de magnesia, lo que representa una cuantiosa suma de dinero.

CAPÍTULO 4

Lugares relacionados con los viajes de los patriarcas

Después de la caída de nuestros primeros padres, la raza humana se alejó rápidamente de Dios, a tal punto que su rebeldía tuvo que ser castigada por el Diluvio. Sin embargo, ni aun este cataclismo indujo a los hombres a enmendar su camino. Dios tuvo, por consiguiente, que dejar a un lado la raza rebelde, para revelarse en forma particular, primero a un solo hombre, Abraham, luego a sus descendientes inmediatos, los Patriarcas, finalmente a la nación de Israel por intermedio de los profetas.

Ofrecemos a continuación el siguiente bosquejo de los lugares relacionados con los viajes de los Patriarcas. 1. La Migración de Abraham; 2. Los Campamentos de Isaac; y, 3. Los Viajes de Jacob.

1. La Migración de Abraham (Génesis 11:31 a 25:8).

En respuesta al llamamiento divino Abraham partió de:

Ur, su ciudad natal, rumbo a Canaán, viaje que le condujo por toda la extensión de la "Medialuna Fértil". Las investigaciones recientes identifican a Ur con Maughier, en la orilla occidental del Éufrates en Baja Babilonia, región que más tarde vino a llamarse Caldea.

El politeísmo prevalecía en la ciudad, pero por otro lado los progresos realizados por la civilización en aquella época fueron notables. El arte de escribir, por ejemplo, había sido cultivado con mucha anterioridad a Abraham.

Subió el curso del Éufrates, acompañado de gran número de su parentela hasta:

Harán, recorriendo con esta jornada una trayectoria de 1600 Kms. Destacó esta ciudad por haber sido santuario de la luna y a la vez gran centro comercial de Mesopotamia, situada en uno de los afluentes septentrionales del Éufrates. Después de la muerte de

Tera, Abraham partió de nuevo para Canaán. Luego de breve estadía, pasó a:

Damasco, quizá la ciudad más antigua del mundo. Constituyó probablemente el primer lugar en donde hizo alto en su viaje al S., situada en una meseta regada por los ríos Abana y Farfar, y que era el punto de empalme de varias rutas de caravanas que conducían a Arabia, a Egipto, al Mediterráneo y a Babilonia. Luego se estacionó en:

Siquem, notable por ser la primera estancia del Patriarca en Canaán; pueblecito rodeado de viñedos y jardines; situada en la entrada del valle entre los montes Ebal y Gerizim. Aquí construyó Abraham un altar a Jehová y le adoró, lo mismo hizo en:

Betel, situada al O. de Hai, en la línea fronteriza entre Benjamín y Efraín. Los cananeos la llamaban Luz, pero Jacob cambió su nombre por Betel, a raíz de la visión que tuvo en ese lugar.

Lugares en que se estacionó en viajes subsiguientes

Egipto. Con motivo de una hambruna en Canaán, Abraham hizo una visita a Egipto que termino en forma brusca debido a su conducta ambigua hacia uno de los príncipes egipcios.

Dicho país en esta época ya había tenido varios siglos de historia ilustre. El Segundo Reino Unido cuyo gobierno era a la sazón descentralizado, había pasado a la historia. La cultura se había difundido ampliamente entre Egipto y Canaán, circunstancia que favoreció grandemente la entrada de Abraham a Egipto, que en otros tiempos mantenía cerrada su frontera a la entrada de los extranjeros. Después de la expulsión de Abraham de Egipto, regresó a Betel.

Hebrón, donde puso su tienda de campaña después de un altercado con Lot, quien con mezquindad de carácter se apropió de las regiones ricas en pasto en las cercanías de Sodoma, ciudad sobre la cual iba a estrellarse la ira de Dios.

Hoba de Siria. Quedorlaomer, rey de Elam, hizo una expedición militar a la región SO. del Jordán y subyugo las ciudades en las inmediaciones del Mar Muerto. Doce años más tarde al rebelarse éstas, Quedorlaomer se dirigió nuevamente contra ellas con tres reyes aliados, figurando entre ellos Amrafel, quien posiblemente es el mismo Hammurabi, renombrado rey caldeo, autor del código más antiguo que se conoce. La rebelión fue sofocada y Lot se encontraba entre los cautivos. Abraham con indomable valor, siguió a las huestes elamitas y alcanzándolas en Lais (Dan) las puso en fuga mediante un hábil ataque nocturno. Luego en Hoba al N. de Damasco, pudo salvar a Lot y rescatar sus bienes.

A su regreso tuvo lugar el célebre encuentro con Melquisedec, en Salem, nombre antiguo, según se presume, para Jerusalén.

Hebrón. Mientras permanecía en este lugar, los eventos siguientes acontecieron: El Pacto de Dios con Abraham; el Nacimiento de Ismael; y, La Destrucción de las Ciudades nefandas del Valle del Jordán, excepto Zoar. Ha sido tema de discusión la situación exacta de dichas ciudades. Todo el Valle del Jordán antes de su catastrófica destrucción era sumamente fértil, y no es de suponer que las ciudades «de llanura» se limitaban a Sodoma, Gomorra, Adma y Zeboín, aunque bien podrían ser éstas las principales. El hecho de que se han descubierto ruinas tanto al NO. del Mar Muerto, como al S. y SE. de dicho mar, no es evidencia suficiente para establecer la identidad de ninguna de ellas como Sodoma y Gomorra. Lo único que se puede decir en relación con su situación es que se hallaban en la parte meridional de la región central del país ocupada por los cananeos.

Beerseba, constituía la ciudad de residencia de Abraham por algunos años después de la destrucción de las poblaciones arriba citadas. Está situada en el extremo meridional de Judá, en medio de ricos y abundantes pastos y pozos de agua dulce, de los cuales hoy subsisten algunos.

Monte Moría. De Beerseba el Patriarca se dirigió a este monte donde Dios le sometió a una prueba muy rigurosa, la de mandar a ofrecer a Isaac en sacrificio. Abraham obedeció el mandato divino hasta el punto de levantar el cuchillo para acabar con la vida de su amado hijo, momento en que Jehová le detuvo. Desde aquella demostración de obediencia perfecta y de fe tan sublime, volvió nuevamente a Beerseba.

Beerseba y Hebrón, fueron probablemente los lugares donde Abraham residió durante los últimos años de su vida. Sabemos que Sara murió en Hebrón, y que finalmente, el insigne Patriarca fue sepultado en el mismo lugar en la Cueva de Macpela, al lado de su digna esposa.

2. Campamentos de Isaac.

En contraste con Abraham, Isaac, aunque piadoso, era un tipo menos fuerte y agresivo. Vivió una vida tranquila haciendo sus campamentos en los lugares que se dan a continuación:

Beer-Iahai-roi o «Pozo del Vivente que me ve», entre Cades y Bered, en el camino que conduce al desierto de Shur (Génesis 16:7, 14 y 24:62).

Gerar, ciudad principal de los filisteos en el tiempo de Abraham, situada en el límite meridional de Palestina (Génesis 26:1).

Rehobot, probablemente al SO. de Beerseba (Génesis 26:22).

Beerseba tan llena de recuerdos de familia para los Patriarcas, constituyó la ciudad de residencia de Isaac durante muchos años. En este lugar Isaac celebró un tratado de paz con los filisteos, y en el mismo practicó Jacob sus engaños (Génesis 26:23-25).

Hebrón, lugar de su encuentro con Jacob y de su sepultura (Génesis 35:17).

3. Viajes de Jacob (Génesis 28 a 35:27).

a. La Huida a Harán; b. El Viaje de Regreso; y c. El Viaje a Egipto.

a. *Estacionamientos en su Ruta de Ida.* Su punto de partida fue:
    Beerseba. A poco de haber obtenido por engaño la bendición paternal, tuvo que huir de Beerseba cual fugitivo evitando a la justicia, pues su hermano juró matarle tan pronto falleciese Isaac, su padre. Se distingue:
    Betel, por la visión de la escalera celestial. De allí se marchó hacia:

Harán, haciendo un recorrido con este viaje de 400 Kms., toda la curva occidental de la "Medialuna Fértil".

b. *Estacionamientos en su Ruta de Regreso.* Para estimular su fe, Dios anunció a Jacob que regresara a Canaán. Valiéndose luego de la ausencia de su tío en la trasquila de ovejas, salió secretamente para irse a la Tierra Prometida, con todos sus bienes. Labán lo persiguió, alcanzándole en un punto al N. del Jaboc, pero amonestado por Dios de no causar a su yerno daño alguno, regresó a su tierra después de haber levantado un majano y pronunciado sobre él la bendición en «Mizpa» (Génesis 31:49) al celebrar un tratado de paz, permitiendo así a Jacob proseguir su viaje con dirección a:

Mahanaim, en la línea fronteriza entre Gad y Manasés, donde fue consolado por los ángeles. Su siguiente paradero fue:

Peniel, cerca del Jaboc, en el lado oriental del Jordán. Aquí tuvieron lugar el célebre encuentro con el Angel, y la reconciliación con Esaú. Continuando su jornada llegó en breve a:

Sucot, ubicada en el Valle del Jordán un poco al N. del río Jaboc, punto en que Jacob hizo sus preparativos para establecerse en Canaán, edificando una casa y ramadas para sus ganados, pero la matanza de Siquemitas por Simeón y Leví le obligo a cambiar su estancia a:

Betel, donde instalo su tienda y renovó su pacto con Dios. Más al S:

Efrata o Belén, situada a 8 Kms. al SE. de Jerusalén, llegó a ser lugar inolvidable para Jacob, pues allí descansaron los restos de su amada Raquel. Finalmente se encontró con su anciano padre en:

Hebrón. Durante su residencia en este histórico lugar, José, su hijo consentido, fue vendido en Dotán, que se encontraba como a 24 Kms. al N. de Siquem y próximo a la ruta de caravanas que se acostumbraba a recorrer de Siria a Egipto.

c. *El viaje subsiguiente a Egipto.* Fue ocasionado a raíz de una hambruna en Canaán, que lo obligó a refugiarse en

Egipto, donde José le señaló la región fértil de Gosén como lugar de residencia, entre el Delta y lo que ahora es el Canal de Suez. Como la costa del Perú, la fertilidad de aquel lugar depende de la irrigación, mediante la cual los israelitas lo convirtieron en una tierra altamente productiva.

La Procesión Fúnebre de Egipto a Hebrón. Esta no siguió la ruta directa a Canaán debido quizá a la hostilidad de las tribus filisteas y amorreas, sino pasando por el S. del Mar Muerto atravesó la región de Moab y cruzó el Jordán en:

Abelmizraim o Atad, en la ribera oriental del Jordán. De allí se dirigió camino derecho a Hebrón, donde fue sepultado el ilustre Patriarca, en la tumba hereditaria de Macpela (Génesis 50:7-11).

CAPÍTULO 5

Los moradores primitivos de Canaán

No se puede determinar con certeza los límites de las primitivas tribus de Canaán, por carecer de datos sobre su origen, idioma y costumbres. Si las Escrituras no las hubieran mencionado, hubiesen desaparecido de la historia sin dejar huella alguna.

Nos concretaremos a consignar las principales de estas tribus, señalando su posición aproximada.

1. *Los Rafeos,* que vivían en Basán, eran hombres de talle y fuerzas colosales. Con el correr de los años perdieron su nacionalidad, fusionándose con los amorreos. Hallábase establecida otra división de la misma raza denominada anaceos, en el SO. del Mar Muerto, siendo su ciudad principal Hebrón, o Kiriat-arba. Fueron vencidos por Caleb, pero algunos sobrevivientes de esta destrucción se refugiaron en Gat, Gaza y Asdod. El más célebre descendiente de esta tribu fue Goliat (Deuteronomio 3:11).

2. *Los Zomzommeos o Zuzitas,* ocupaban la altiplanicie oriental al S. y SE. de Galaad, en la vecindad de Rabbat-ammon (Deuteronomio 2:20-21) .

3. *Los Emimeos o Emitas.* Se establecieron al S. de los zuzitas, esto es, al oriente del Mar Muerto. Es probable que los zuzitas y los emitas fueran de la misma familia que los rafeos. Quedorlaomer en su marcha triunfante desde Elam, derroto a todas estas tribus, en batalla en sus capitales respectivas, a saber: a los rafeos en Astarot-carnaim, al E. del Lago Merom, a los zuzitas en Ham, al N. del río Arnón, cuya ubicación se desconoce, y a los emitas en Shave-Kiriataim en el territorio asignado a «Rubén» (Génesis 14:5 y Deuteronomio 2:10-11).

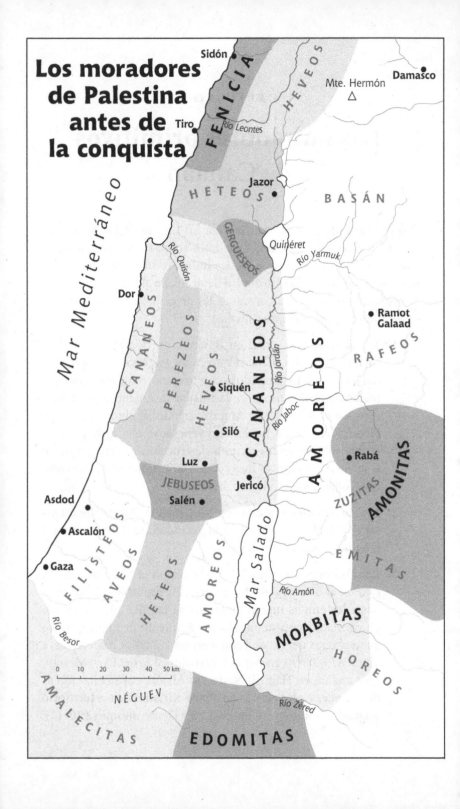

Los moradores de Palestina antes de la conquista

Mar Mediterráneo

Sidón

FENICIA

Tiro

HEVEOS

Mte. Hermón △

Damasco

Río Leontes

HETEOS

Jazor

BASÁN

GERGUESEOS

Quinéret

Río Yarmuk

Dor

CANANEOS

PEREZEOS

HEVEOS

Siquén

Siló

Río Quisón

Río Jordán

CANANEOS

Río Jaboc

Ramot Galaad

RAFEOS

AMOREOS

Luz

JEBUSEOS

Salén

Jericó

Rabá

AMONITAS

ZUZITAS

Asdod

Ascalón

Gaza

FILISTEOS

AVEOS

HETEOS

AMOREOS

Mar Salado

EMITAS

Río Amón

MOABITAS

HOREOS

Río Besor

0 10 20 30 40 50 km

NÉGUEV

AMALECITAS

EDOMITAS

Río Zéred

4. **Los Horeos,** moraban en las cuevas del Monte Seir (Génesis 14:6). Quedorlaomer los venció, y en un período posterior fueron expulsados de su territorio por los descendientes de Esaú (Deuteronomio 2:12).

5. **Los Aveos.** Pueblo aborigen de la Séfela y de la región alrededor de Gat, fue conquistado por los Caftoreos, o filisteos (Al referirse a esta tribu en Deuteronomio 2:23 parece que la versión de Cipriano de Valera, equivocadamente los llama, «Heveos»).

Tribus posteriores. Muchas de las tribus primitivas fueron desposeídas de su territorio por otras de origen camítico. Durante la permanencia de los israelitas en Egipto, este país extendía su dominio sobre Canaán, cobrando tributo a muchas de las tribus que se hallaban dentro de sus confines.

La distribución de estas tribus según sus divisiones territoriales aproximadas era como sigue:

I. Las Tribus de la Era Patriarcal; II. Las Tribus de la Época de la Conquista; y, III. Los Pueblos Circunvecinos de la Época de la Conquista.

I. Tribus de la Era Patriarcal

1. La Llanura Marítima.

a. **Los Fenicios.** Este pueblo laborioso y emprendedor a cuyo espíritu creador se debe la invención de las letras del alfabeto procedía, según se supone, de las llanuras de Caldea, terruño de la primitiva raza camítica. Ocupaba desde tiempos remotos la franja del litoral entre el Monte Carmelo y la desembocadura del río Leontes. Mientras que las otras potencias en el vaivén de los años se dedicaban a la conquista territorial y la sojuzgación de sus vecinos, los fenicios se contentaban con el desarrollo pacífico de su vasto comercio marítimo, traficando con todos los pueblos del Mediterráneo y hasta del Atlántico, pero sin miras de conquista. Su colonia comercial más notable era Cartago (ahora Túnez) en el N. de África que se constituyó por largo tiempo en enérgico rival de Roma (Josué 13:4).

b. *Los Cananeos.* Aunque se aplicaba a menudo el nombre de «Cananeos» a todas las tribus de Palestina, en el sentido más restringido de la palabra se limitaba a los descendientes de Canaán, hijo de Cam, que se establecieron desde un principio en una estrecha faja de tierra que se extendía desde la bahía de Acre hasta el Jordán y luego a lo largo de dicho río. Jope en la costa, Sodoma, Gomorra, Adma y Zeboim en el Valle del Jordán eran sus ciudades principales. Estas últimas poblaciones sibaritas fueron destruidas por Dios debido a su corrupción moral (Génesis 15:21).

c. *Los Filisteos,* que se establecieron en la Llanura Marítima después del año 1.200 a.C., son de origen incierto. Algunas citas bíblicas dicen que son oriundos de Egipto, de la provincia de Capto, cerca de Tebas (Jeremías 47:4; Amós 9.7). Por otro lado hay aquellos que se inclinan a la opinión de que Caftor se refiere a la isla de Creta. Sus ciudades situadas en la Llanura Marítima. Ascalón, Asdod, Ecron, Gat y Gaza, constituían una confederación poderosa. Los filisteos fueron enemigos acérrimos de Israel durante largo período y aunque David los sojuzgó no se logró su completo exterminio. Parece que al fin se fusionaron con el pueblo de Israel en la época de los macabeos (Josué 13:2-3).

2. La Cordillera Central.

a. *Los Heteos.* Estos formaban pequeñas colonias del poderoso imperio de Asia Menor que los asirios llamaban «Khatti», establecidas en Canaán cerca del Mar de Galilea y en los pastales de Hebrón (Josué 1:4).

b. *Los Gergeseos,* residieron al 0. del Mar de Galilea. Andando el tiempo perdieron su identidad fusionándose con las tribus vecinas. No se debe confundir esta tribu con los Gergesenos de Mateo 8:28 (Génesis 15:21).

c. *Los Heveos,* se establecieron en diversas localidades, encontrándose sus principales colonias en:

i. *Canaán Septentrional,* al pie del Líbano.

ii. *Canaán Central,* siendo Siquem su ciudad principal en el tiempo de Jacob.

iii. *Canaán Meridional,* en la vecindad de Jerusalén. Sus ciudades principales en esta región eran Gabaón y Kiriat-jearim, las cuales se conservaron hasta los tiempos de David. Después de la época de Salomón, no se encuentran indicios de su nombre (Josué 9:7, 17).

d. *Los Fereseos,* se hallaban algo diseminados por el país. En tiempo de los Patriarcas, tuvieron su residencia principalmente en el N. de la Séfela. Conservaron su identidad como raza hasta el tiempo del Cautiverio (Génesis 34:30 y Josué 17:15).

e. *Los Jebuseos,* habitaban las comarcas que rodeaban a Jebus, su plaza fuerte, que después de la captura de David fue llamada Jerusalén (2 Samuel 5:6-9).

f. *Los Amorreos.* Representaban una de las mas potentes tribus de Canaán. En un principio ocupaban el desierto al O. del Mar Muerto y las regiones montañosas adyacentes a este. Sufrieron en la invasión de Quedorlaomer, pero ayudaron a Abraham a perseguir al invasor. Después llevaron sus conquistas al otro lado del Jordán, y desalojando a los amonitas y a los moabitas de la región del S., y a los rafeos de la N., fundaron allí reinos amorreos. Og, último vástago de aquel pueblo rafeo, fue derrotado por Moisés en la conquista Transjordánica (Josué 7:7).

3. El Valle del Jordán.

a. *Los Cananeos,* se enseñorearon en el Valle del Jordán además de ocupar una porción de la Llanura Marítima y Esdraelón.

II. Tribus de la época de la Conquista

Poco se sabe de los movimientos de las tribus de Palestina Occidental, o de los cambios de sus fronteras durante la «Permanencia» en Egipto, pero los límites territoriales de las de Palestina Oriental han sido relativamente bien delimitados, verbigracia:

1. Los Amorreos,

antes citados, probablemente conquistaron la región transjordánica, durante el período de la «Permanencia».

2. Los Moabitas y los Amonitas.

Estas dos tribus hicieron su entrada en la historia durante esta época. Según Deuteronomio 2:19-23, habían ensanchado su territorio hasta llegar al río Jaboc, desalojando a los primitivos emitas y zuzitas, pero los amorreos hicieron retroceder a los moabitas, obligándolos a limitarse a la región al S. del Arnán, río que llegó a ser después en la historia moabita, su frontera septentrional; y a los amonitas los arrolló en dirección E. hasta las fuentes del Jaboc, quedando así los amorreos en posesión de toda la región al E. del Jordán.

El pueblo moabita que vivía en ciudades, y los amonitas, pueblo nómade, constituyeron los opresores de Israel, durante largo período. David los sojuzgó, pero más tarde cobraron nuevas fuerzas. Finalmente las profecías decretadas contra ellos, que tardaron mucho en verificarse, se cumplieron, pues la lobreguez y la desolación extienden ya su manto sobre los en otros tiempos fértiles valles de Moab, encontrándose las comarcas amonitas escuetas y casi despobladas (Génesis 19:37-38).

III. Pueblos circunvecinos de Israel, en la época de la Conquista.

Estos eran:

1. Los Heveos.

Vestigios de esta tribu ocuparon durante siglos una región al pie del Monte Líbano (Jueces 3:3).

Las tribus mencionadas en Génesis 10:17-18 se radicaron también en las inmediaciones del Líbano.

2. Los Amalecitas,

tribu de Arabia Pétrea, depredadora y amiga del pillaje, (véase la nota sobre los habitantes del «Desierto» de la Peregrinación).

3. Los Cineos,

tuvieron su residencia en los sitios escarpados e inaccesibles de las alturas al Poniente del Mar Muerto. Se cree que los cineos constituían una rama de los madianitas. Hay conjeturas, sin embargo, de que no había parentesco alguno entre el tronco y la rama. Hasta después de la época de Saúl y David esta tribu sostenía relaciones amistosas con los hebreos de Judá (Jueces 1:16 y, 1 Samuel 15:6).

4. Los Idumeos.

Durante la ausencia de Jacob en Mesopotamia, Esaú despojó a los horeos y se estableció en su territorio (Véase Edom).

5. Los Amonitas,

anteriormente citados, ocupaban la región desierta al SE. del país.

Condiciones de estas Tribus.

Es interesante notar que cada una de estas tribus fue gobernada por un «rey», cuyo poder fue limitado por un grupo de ancianos. Su gran ideal de vida era enriquecerse a expensas de sus vecinos y vivir del botín de sus conquistas y guerras, además del tributo de los pueblos que lograran sojuzgar. Sus dioses, entre los cuales figuran Baal, padre de los dioses y dios de la vida, y Astarot, diosa de la fecundidad, eran deificaciones de los poderes naturales, y puesto que no tenían porqué someterse a las leyes gobernado la conducta humana, podían entregarse sin freno alguno, según las creencias cananeas a la más completa licencia y libertinaje. Sus ritos religiosos, por consiguiente, eran inmundos y crueles, y exigían de sus adeptos el sacrificio de sus hijos y de sus enemigos, la prostitución ritual, y el culto a la serpiente. Estimulados por tal ejemplo desmoralizador, los cananeos llegaron al colmo de la depravación moral, entregándose a los placeres y deleites, y a toda clase de corrupción a tal extremo que la introducción de la decencia más elemental en Canaán, exigía su completa destrucción. Frente a tal podredumbre espiritual y su consecuente deterioración física, las poderosas defensas murales de Canaán no les valieron a sus habitantes para protegerlos contra el invasor. En resumen el cananeo carecía en lo absoluto de razón para sobrevivir en un ambiente moral.

CAPÍTULO 6

Las tierras de la permanencia y de la peregrinación

1. Egipto.

El hecho de que Egipto se haya destacado en la Historia Sagrada por haber sido la cuna de Israel, afectó profundamente su historia subsiguiente por tanto convendría describirlo ligeramente.

Nombres. El nombre actual «Egipto» le fue puesto por los griegos habiéndosele llamado por sus antiguos moradores «Kem» es decir, Cam, y «Rahab», según Salmo 87:4. Se le denominaba:

«Mizraim» en el Antiguo Testamento, voz plural que indica los reinos del Alto y del Bajo Egipto.

Situación y Extensión. Situado en el ángulo NE. de África y en las inmediaciones de Asia, está bañado por el Mediterráneo, al NE. y E. lo limitan Palestina Meridional, el desierto Arábigo y el Mar Rojo. Nubia constituye su lindero meridional mientras que por el O. lo rodea el desierto. El antiguo e histórico Egipto comprendía la región del Delta y la extensión regada por el Nilo que se extiende solamente desde el Mediterráneo hasta la primera catarata. Tiene una longitud de 880 Kms., fluctuando su anchura entre 24 y 55 Kms., y un área de 24.489 Kms$_2$.

Aspecto Físico. Su aspecto general se reduce a un inmenso delta que en otro tiempo fue un golfo del Mediterráneo, el cual, cegado por los ricos sedimentos y los detritus acumulados durante los siglos ostenta la apariencia de una inmensa llanura que aumenta de continuo; y el Nilo mismo, incrustado en pleno desierto sin el cual Egipto no seria sino una alargada planicie blancuzca y ardiente, pues la vegetación llega solamente hasta donde alcanza el regadío.

Dos serranías áridas encierran el valle: la cadena Líbica de poca elevación al O. y la Arábiga que se desprende de la meseta de Etiopía al E.

Costas. Sus costas dan sobre los mares Mediterráneo y Rojo, siendo estas muy abruptas y acantiladas y al mismo tiempo las más tórridas del globo. En cambio el litoral Mediterráneo se distingue por su regularidad. El ángulo oriental está ocupado por el gran delta del Nilo. El canal de Suez comunica el Mediterráneo con el Mar Rojo.

Divisiones Naturales

Egipto se divide geográficamente en dos zonas naturales que a su vez forman sus límites políticos, éstas son:

Bajo Egipto. Formado por el delta del río. Sus brazos con la costa forman un triángulo cuyo vértice principia en El Cairo y cuya base, de 250 Kms. de longitud, es bastante parecida a la cuarta letra del alfabeto griego (delta invertido) lo cual originó el nombre de «Llanura del Delta», que dieron antiguamente a aquella región. Los antiguos enumeraron siete brazos o desembocaduras, mas ahora no son más de dos o quizás tres; todos los demás han desaparecido por el limo que arrastra el Nilo.

Alto Egipto. Coincide con el corredor del Nilo y comprende las comarcas del Sudán Anglo-egipcio, donde las inmensas selvas ecuatoriales y tropicales alternan con anchas sabanas y dilatadas estepas.

Las lluvias en esta región son extremadamente raras, circunstancia que ha favorecido grandemente la conservación de momias, papiros, y pergaminos históricos.

El Nilo.

Sus fuentes se encuentran en los magníficos lagos de Victoria y Alberto Nianza del África Ecuatorial. Entre otros factores debemos citar los vientos alisios del SE. cargados de humedad del Océano Indico que descargan su contenido en las cordilleras del E. de África y en el interior de dicho país, las prodigiosas lluvias, ocasionando así los desbordamientos de los aludidos lagos y formando los poderosos afluentes del río en su curso superior. Toma el nombre del Nilo después de la confluencia del Nilo Blanco y el Nilo Azul, en Kartum, capital del Sudán. Desde este punto de unión hasta el Mediterráneo, en una distancia de 2.880 Kms., solo recibe un afluente más, el Atbara, que desciende de las sierras volcánicas de Abisinia. Atraviesa la Nubia y el Egipto, y finalmente llega al Cairo donde comienza el delta, por cuyos dos brazos principales, uno cerca de Damieta y otro junto a Roseta, vierte sus aguas en el Mediterráneo. Se atribuye al Nilo un curso de 6.500 Kms.

Sus Inundaciones. Se desborda cada año cubriendo las tierras bajas que colindan con sus orillas, con un aluvión que les proporciona maravillosa feracidad. Este crecimiento se produce desde junio hasta octubre. Tan indispensable era el Nilo para los antiguos egipcios, y tan misterioso el fenómeno de la regularidad de sus desbordamientos, que le tributaron culto como a un dios.

Ciudades.

Las principales en el Bajo Egipto fueron:

Menfis o Noph, antigua capital y metrópoli, población que no perdió su importancia hasta que Alejandro Magno fundara Alejandría como puerto del Delta. Estaba ubicada un poco al S. del Cairo, no muy distante de las pirámides, y constituía la principal residencia de los faraones. En fecha reciente se descubrió en sus cercanías una serie de tumbas en las cuales se hallaron los cuerpos embalsamados de toros sagrados (Isaías 19:13).

Zoán, capital de los hicsos, se hallaba cerca del límite oriental del Delta. En sus inmediaciones se verificaron las maravillas que Dios obró por intermedio de Moisés (Isaías 19:13).

Ramesés, ciudad de bastimentos, fue construida por los israelitas, entre el Nilo y el Canal de Suez (Génesis 47:11).

On, o Heliópolls, pueblo sagrado de los egipcios se hallaba a 9 Kms. al NE. del Cairo. Jeremías la llama Bet-semes (Jeremías 43:13).

La Biblia menciona dos ciudades en el Alto Egipto, a saber: **No,** llamada Tebas en las inscripciones de los monumentos del lugar, fue por largo tiempo centro del poder y civilización egipcios hasta su subyugación por los asirios. Nahum la llama No-amón (Nahum 3:8). **Seveé**, ciudad límite del mediodía de esta comarca (Ezequiel 29:10).

2. Arabia petrea,

llamada comúnmente «La Península de Sinaí». En esta región histórica se realizó aquel cúmulo de hechos relacionados con el pueblo de Israel, en los años que anduvo por el desierto de Parán.

Situación y Extensión. El teatro de la peregrinación de los israelitas se extiende en forma de un triángulo invertido, cuya base constituye la playa SE. del Mediterráneo y la frontera meridional de Canaán, y cuyos lados están formados por el Golfo de Suez al O. y la depresión ocupada por el Golfo de Acaba y la Garganta del Arabá al E.

Aspecto Físico. El desierto tiene dos regiones generales, y otras dos relacionadas estrechamente con ellas. Las primeras son: a. La Altiplanicie Central; b. La Cordillera Sinaítica. Las segundas: c. El Negeb; y, d. El Arabá.

   a. a. *Altiplanicie Central.* De piedra caliza y de superficie cascajosa, ondulante y estéril, ocupa la parte central de Arabia Petrea cuya elevación oscila entre 600 y 850 m. y en cuyo interior se encuentra una cuenca larga desaguada por el río de Egipto o Sihor, torrente invernal que servia de límite en un tiempo entre Canaán y Egipto, que desemboca en el Mediterráneo a 80 Kms. al S. de Gaza. Los pequeños arroyos de agua malsana que allí existen forman turbulentos raudales en la estación de las lluvias pero se secan durante el estío. A veces en las Escrituras «Sihor» es sinónimo del Nilo (compárese 1 Crónicas 13:5 con Josué 13:3). Constituye esta región el Desierto de Parán, mencionado en Deuteronomio 1:19 como «aquel grande y terrible desierto» recorrido por los israelitas durante el tiempo de su peregrinación.

   La altiplanicie desciende hacia el N. y NO. al desierto de Shur, una zona arenosa que bordea el Mar Mediterráneo y la frontera de Egipto, extendiéndose entre el S. de Filistea y el

NE. de Suez, cuya extremidad meridional se confunde con el desierto de Etam. Cadenas de montañas de 1.200 m. de altura, muchas de ellas ricas en minerales limitan la altiplanicie por los otros lados.

b. *La Cordillera Sinaítica,* que es de forma triangular, está separada de la meseta central por las referidas montañas y por una faja de arena al S. de ellas. De un nudo central se desprenden varios ramales que ocupan el ápice del triángulo. Toda esta comarca de Sinaí u Horeb, pues se designa de ambas maneras en las Escrituras, está erizada de rocas, cubierta de estériles arenas y escasa de manantiales. En la actualidad no se puede fijar con certeza la eminencia de donde fue promulgada la Ley, aunque la tradición señala a Jebel Musa, de 2211 m. de altura, como el monte de Dios.

c. *El Negeb.* El extremo S. del Negeb forma parte del Desierto de la Peregrinación. Entre sus pueblos figuraban Cadesbarnea, Beer-lahairoi, Beerseba, Ziclag y Arad.

d. *El Arabá,* es el nombre geográfico de la depresión de Palestina que recorre todo el centro del país, pero que se aplica generalmente a la extensión de dicha hoyada, la cual se extiende desde el S. del Mar Muerto y el Golfo de Acaba, sinónimo a veces en la historia del desierto de Zin. Está limitado al O. por el Monte Seir y al E. por la Cordillera oriental del desierto de Parán. Su longitud es 176 Kms. y su anchura entre 16 y 20 Kms.

Habitantes del Desierto.

a. *Los Amalecitas.* De procedencia dudosa, era la tribu principal que habitaba en Arabia Petrea durante el período de la Peregrinación, cuyos reyes se apellidaban Agag. Siendo gente de guerrilla, vivían de lo que podían arrebatar a sus vecinos. Atacaron a los hebreos sin provocación en Refidim, poco después de su salida de Egipto. Desde entonces constituían los enemigos implacables de Israel, hasta que Saúl les infligiera una derrota aplastante, y David completara su destrucción, quedando con esto borrado su nombre de la historia de Israel y cumpliendo el exterminio decretado según Números 24:20.

b. *Los Cineos,* formaban una pequeña división de la tribu madianita que explotaban las minas de cobre en Horeb durante la época del Éxodo.

3. Edom.

Como su historia estaba tan entrelazada con la de Israel conviene dar un resumen de su configuración.

Nombres. Su nombre más antiguo de Monte Seir, «accidentado», fue cambiado por Edom, «rojo», con motivo del color del potaje por el cual Esaú vendió su primogenitura. El color predominante de sus montes es carmín, circunstancia que quizá hubiera influido también en determinar el nombre permanente de aquella comarca. Idumeo, el nombre griego de Edom, comprendía en los períodos macabeo y romano, la zona meridional de Judea, y una pequeña sección de Arabia Petrea, que se extendía desde el Mediterráneo hasta el lado occidental del Monte Seir (Génesis 25:30).

Situación y Extensión. Constituyó Edom, propiamente dicho, la sección meridional de la prolongación del Antilíbano, cubriendo el territorio que hay entre el río Zared al S. del Mar Muerto y el golfo de Acaba. Por el E. su comarca se confundía con el desierto, y al O. el profundo valle del Araba servia de límite. Su longitud era cosa de 180 Kms. y su anchura fluctuaba entre 40 y 48 Kms. Pero Edom no se limitaba a esta estrecha región, pues después de la caída de Jerusalén los descendientes de Esaú extendieron sus fronteras hasta los confines de Egipto por el O. y Judá meridional hasta Hebrón por el NO. Entre los siglos VI y IV a.C. fueron expelidos de sus propios dominios en el Monte Seir por los árabes nabateos, pueblo sagaz y laborioso que en breve tiempo logró controlar las lucrativas rutas de comercio entre Arabia y Siria. A la manera de los Incas del Perú fueron capaces de hacer reverdecer aun los lugares más áridos e inaccesibles. Aretas, rey nabateano, se enseñoreó de Damasco en el tiempo de Pablo (2 Corintios 11:32).

El reino de los Nabateos se hallaba en el zenit de su grandeza durante los años 100 a.C. hasta 100 d.C. Fueron conquistados por Trajano en 106 d.C. y poco después desapareció por completo su gran civilización.

Contorno. Monte Seir, o Esaú, de 1.200 a 1.500 m. de altura, tiene mayor elevación que la del Haurán, Galaad o Moab. Su lado O. presenta un bellísimo e impresionante panorama de serranías y mesetas, de picachos y precipicios, de profundas hondonadas y escarpadas rocas. A una altura de 150 mts. de las arenas ondeantes del Arabá, se levantan masas agrestes de montañas de granito rojo y de pórfido, por encima de las cuales se pueden ver las alturas sucesivas de piedra arenisca veteada de rojo, amarillo y blanco, predominando el carmín, tras de las cuales se alzan los elevados tablazos de piedra caliza amarilla, que constituyen la cresta de la cordillera, y de la meseta en la parte posterior.

A pesar de los accidentes del país, los valles y andenes alimentados por diversos manantiales producían antiguamente abundantes cosechas de granos, olivos, higos, etc., pero hoy en día sus montes están despojados de árboles y matorrales, queda el suelo casi sin cultivos y con un sol abrazador que quema lo que antes hacía florecer (Génesis 27:39).

Ciudades. Las principales eran Bozra, la antigua capital, Ezióngeber, su único puerto en donde Salomón construyó una flota para la expedición a Ofir, Elat, y Sela o Petra. Esta última fue la capital durante el período final de su historia. Se distinguió por sus magníficos templos, tumbas y palacios, tallados en roca viva y primorosamente adornados, los cuales constituyen un indicio halagador de la magnificencia de la cultura nabateana (1 Reyes 9:26-28).

Breve Reseña Histórica. La enemistad entre Jacob y Esaú fue perpetuada por sus descendientes, pues los idumeos negaron permiso a Israel para que pasase pacíficamente por su territorio en su marcha a Canaán. Desde entonces fueron enemigos tradicionales de Israel.

Siendo sometidos temporalmente por Saúl y subyugados por David, quedáronse después como tributarios de Judá, hasta el reinado de Joram en que consiguieron su independencia. Amasías los castigó duramente pero no logró su aniquilamiento (2 Reyes

8:20-22 y 14:7). Se regocijaron cuando Nabucodonosor destruyó a Jerusalén, y poco después se adueñaron del territorio al S. de Judá hasta Hebrón, siendo ellos mismos desalojados del Monte Seir por los nabateos (Salmo 137:7). Pasado un tiempo sufrieron una derrota a manos de Judas Macabeo. Poco después, Juan Hircano habiéndolos subyugado los incorporó al estado judío. Subsecuentemente los romanos anexaron su territorio a su Imperio, y luego de dicha anexión volvió a florecer su comercio con Persia y el Levante. Abrazaron el cristianismo y tenían su propio obispado, pero finalmente su prosperidad decayó, sus ciudades se convirtieron en ruinas y ante el avance mahometano lo que quedo de Edom fue borrado para siempre, la desolación del país en la actualidad, quedando un elocuente testimonio del cumplimiento de la profecía de Ezequiel 35:1-15.

CAPÍTULO 7

La peregrinación en el desierto

Durante el tiempo de su permanencia en Egipto el Pueblo Escogido aún en su condición de servidumbre se familiarizó con la civilización, pues siendo Egipto el país más adelantado del mundo de aquel entonces, florecían en él las ciencias y las artes, y la cultura egipcia estaba bien difundida entre todas las clases.

Es imposible fijar con precisión los muchos lugares donde hicieron alto los israelitas en el desierto de Arabia Petrea, a pesar de todas las investigaciones destinadas a dar con su derrotero; se ha debido en parte, a que la Biblia que no pretende ser un repertorio histórico ni mucho menos geográfico, no los ha consignado a todos, y a que los cambios que se producen en una región rodeada de mar, en un período de tres mil años, son innumerables.

El teatro de las maravillosas obras de Moisés era Zoán, ciudad real al E. del brazo Tanítico del Nilo. Cuando sonó la hora de la liberación Israel no pudo pasar de frente rumbo a Canaán por la dirección NE. por ser el «camino de los filisteos», y como los egipcios habían levantado una línea de fortificaciones a lo largo de la única frontera terrestre que tuvieron que defender, entre el Mediterráneo y la cabecera del Golfo de Suez, se vieron obligados a desviarse hacia el S, en dirección al Mar Rojo (Éxodo 13:17-18).

A continuación se consignarán las etapas de la ruta de marcha: 1. De Ramesés a Sinaí; 2. Del Monte Sinaí a Cades-barnea; 3. De Cades-barnea a Monte Hor, Ezión-geber y Regreso; y, 4. De Cades a Canaán.

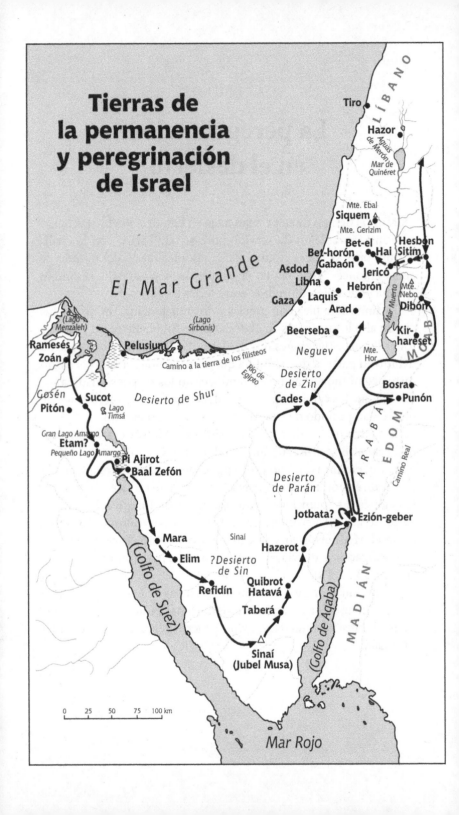

1. De Ramesés a Sinaí (Éxodo 12:37-40).

Parajes:	Eventos:
Ramesés, ciudad de Gosén	• Lugar de reunión del pueblo.
Sucot, lugar de campamento al SE de Ramesés	• Leyes sobre la Pascua y la primogenitura
Etam, en el borde del desierto	• Las columnas de nube y fuego.
Pihahirot y Baal-Zephon, cerca de Suez	• La persecución por Faraón.
Mar Rojo	• La travesía de los israelitas del Mar Rojo, se efectuó en la parte septentrional del estrecho de Suez donde la distancia entre sus orillas medía, más o menos, 1 Km. en aquel tiempo.
Mara y Elim, en el desierto de Etam en la playa oriental del Golfo de Suez.	• El saneamiento en las aguas. La abundancia de agua y palmeras.
Desierto de Sin, por la playa oriental del Canal de Suez, al S. del desierto de Etam.	• Murmuración del pueblo. Provisión de codornices y de maná. La institución del Sábado.
Refidim, entre el desierto de Sin y el Monte Sinaí.	• Erupción de agua en la peña. Derrota de los amalecitas. Atención de Moisés al Consejo de Jetro.
El Desierto de Sinaí, al pie del monte del mismo nombre.	• La promulgación de la Ley bajo circunstancias imponentes. La adoración del becerro de oro. La construcción y consagración del Tabernáculo. La enumeración y organización del pueblo.

2. Del Monte Sinaí a Cades-barnea (Números 11 a 14).

El pueblo acampó frente a Sinaí un año aproximadamente, y luego emprendió viaje hacia Cadesbarnea, al NE., pasando por la orilla del desierto de Parán. Hay referencias de este lugar como ciudad y también como distrito. Se halla a 80 Kms. al S. de Beer-seba y al O. del territorio idumeo.

Parajes:	Eventos:
Tabera, a 48 Kms. al NE. de Sinaí.	• Murmuraciones castigadas por el fuego. El pecado del descontento.
Hibrot-hattava, entre Sinaí y Hazerot	• La milagrosa provisión de codornices. El entierro de los codiciosos. La elección de los 70 ancianos.
Hazerot, a 64 Kms. al NE. de Sinaí.	• La conjuración con Moisés urdida por María, y el castigo que se le impuso. Reconocimiento por los espías.

De Cades los 12 espías partieron para explorar Canaán, diez de los cuales desanimaron al pueblo a su regreso con sus adversos informes, que dieron lugar a que cundiese el pánico y hubiera abierta rebelión en el campamento. Posteriormente, cambiaron de parecer y persistieron en dirigirse a Canaán, pero los amorreos, los amalecitas y los cananeos, saliéndoles al encuentro les ocasionaron un castigo tal, que les obligaron a volver nuevamente a vagar en el desierto, donde se quedaron hasta que se venciera el plazo de su condena.

3. De Cades-barnea a Monte Hor, Ezion-geber y Regreso (Números 33).

El manto de la incertidumbre cubre el período de los 38 años en el desierto. En números 14:15 cesa en forma brusca la continuidad de la historia de la «peregrinación» y en el capítulo 20 del mismo libro, el pueblo se encuentra acampado por segunda vez en Cades. Los parajes mencionados en Números 33:18-35 no son más que un catálogo de lugares cuya situación nos es completamente desconocida.

Partiendo de Cades, el pueblo hizo alto en 12 lugares desconocidos antes de llegar a Mosera cerca del Monte Hor (Deuteronomio 10:6) de donde se dirigió al S. rumbo a Ezión-geber en la cabecera del Golfo de Acaba, por vía del Arabá. Pasado un tiempo siguió viaje nuevamente por el Arabá a Cades-barnea, completando con esta jornada el período de su castigo por su rebelión, 38 años antes.

Parajes:	Eventos:
Cades-barnea.	• La desobediencia de Moisés.
	• La negación del permiso de tránsito de Edom a Israel.
	• La victoria israelita sobre el rey cananeo de Arad, en Horma, población de la Séfela.

4. De Cades-barnea a Canaan (Números 20:22-34).

Los israelitas ya se encontraban en condiciones de entrar en Canaán pero habiéndoles negado rotundamente el rey de Edom permiso para atravesar sus montañas, se vieron obligados a dar un largo rodeo una vez más por el Arabá hacia Elat.

Parajes:	Eventos:
Monte Hor, en la margen de Edom, donde se detuvo el pueblo corto tiempo.	• La muerte de Aarón. La plaga de serpientes.
Elat, en la cabecera del Golfo de Acaba, en la orilla oriental del desierto de Parán.	• La curación de los heridos mediante la serpiente de metal colocada en un asta.

Cuando llegaron al Edom meridional contornearon para dirigirse una vez más hacia el N., siguiendo viaje por el camino del desierto de Moab. Cruzaron el río Zared y respetando el territorio moabita bordearon su lado oriental, hallándose al fin en el terreno que les había prometido el Señor (Deuteronomio 2:8-9).

Parajes:	Eventos:
Zared.	• La travesía del torrente.
Arnón, que constituye la frontera septentrional de Moab.	• La negación del permiso de tránsito de Sehón el amorreo.
Los Llanos de Moab.	• La derrota de este en Jahaza
	• La profecía de Balaam.
	• El pecado de Baal-peor.
	• La campaña contra Madián y Moab.
	• El repartimiento de la herencia de dos tribus y media.
	• La repartición de la Ley y la recapitulación de las jornadas.
	• La muerte de Moisés en Nebo.

CAPÍTULO 8

La conquista de Canaán

Aunque el período de la conquista en su sentido mas restringido de la palabra solo abarca los siete años durante los cuales los hebreos estaban apoderándose de Palestina, la dominación israelita no se completó hasta la captura de Jerusalén por David, y la subsiguiente destrucción del poder filisteo. La conquista se hizo en tres etapas: 1. La Conquista de Palestina Oriental; 2. La Conquista de Palestina Occidental; y, 3. Las Campañas Suplementarias.

1. Conquista de Palestina Oriental,

que comprende tres campañas llevadas a cabo durante la vida de Moisés. Estas eran:

a. *La Campaña contra Galaad.* En tiempo de la Conquista, la región Transjordánica al N. del Arnón, estaba ocupada por los amorreos, que la tenían dividida en dos reinos: Basan y Galaad. Israel pidió permiso a Sehón rey de Galaad, para que pasase pacíficamente por su territorio, lo cual le fue negado. En la batalla que se libró a raíz de esta negativa, el rey amorreo fue derrotado en Jahaz, cerca de Rabbat-amón, perdiendo así no solamente el antiguo territorio moabita, al S. del Jaboc, sino toda la comarca al N. de dicho río (Números 21:21-31).

b. *La Campaña contra Basán.* Animados por el triunfo sobre el rey Sehón, los hebreos cruzaron el río Hieromax para invadir Basán, donde su rey Og, tenia su capital en Asterot-carnaim. Con la victoria decisiva que se obtuvo sobre los nativos de esa comarca en Edrei, toda Palestina oriental paso al poder de Israel y fue repartida luego a Rubén, Gad y la media tribu de Manasés (Números 21:33-35).

c. *La Campaña contra Madián.* La región habitada por los madianitas descendientes de Abraham carecía de fronteras bien determinadas, pero se puede decir que su centro de población se hallaba al E. y SE. del Golfo Elanítico del Mar Rojo, constituyendo Edom su límite septentrional.

Mientras que los israelitas reposaban en Sitim, los madianitas se ligaron con los moabitas para oponer resistencia a Israel. Balaac, rey de Moab, hizo llamar a Balaam, célebre adivino de la ciudad de Petor, sobre el Éufrates, para que maldijera a Israel. Balaam se vio constreñido por Dios a bendecir a su pueblo, actitud que le privo de la recompensa prometida. Luego intentó vengarse, induciendo a las mujeres de Madián y de Moab a seducir a los varones de Israel, con los impúdicos ritos de Baal-peor. En la lucha que siguió, estas dos tribus fueron vencidas, permaneciendo de este modo toda la tierra al E. del Jordán en manos de Israel (Números 25 y 31).

2. Conquista de Palestina Occidental,

que se realizó en tres etapas bajo el mando de Josué.

Después de la muerte de Moisés, Dios mismo revistióa Josué de autoridad y valor para su gran tarea de sojuzgar a las tribus restantes de Canaán (Josué 1:1-9). Su genio militar se manifiesta en la estrategia que empleó en sus conquistas, que son las siguientes:

a. *La Conquista de Palestina Central.* Rompiendo el campamento en Sitim en los Llanos de Moab, los hebreos cruzaron el Jordán a pie, y sentaron campo en Gilgal entre Jericó y el Jordán. Luego tomaron Jericó abriéndose paso al centro del país, debilitando y dividiendo con esto las fuerzas del enemigo. Acto seguido fue tomada Hai, y poco después, en los montes Ebal y Gerizim, se dio lectura a las bendiciones y las maldiciones sobre la observancia de la Ley, en presencia de todo el pueblo.

Movidos por el temor, los heveos, que habitaban en las ciudades de Gabaón, Cafira, Beerot y Kiriat-jearim (todas las cuales se hallaban un poco al N. y NO. de Jerusalén), valiéndose de una estratagema, lograron hacer un pacto con Josué, sin que este consultara con Jehová. Al cabo de tres días se descubrió el engaño, pero no le era licito romper el aludido pacto, de modo que el asunto quedó en que los heveos fueron condenados a ser cortadores de leña para el santuario. Con estos hechos el territorio central del país, desde Jericó y Gabaón hasta la cordillera del Carmelo, se convirtió en posesión de Israel (Josué 3-8).

b. **b.** *La Conquista de Palestina Meridional.* Hasta ahora la conquista había sido relativamente fácil, debido a la poca unidad que existía entre las tribus autóctonas.

Atemorizados por las hazañas de Josué, y picados en su orgullo con el indigno proceder de los heveos, los reyes de Hebrón, de Jerimot, esta última a 25 Kms. al SO. de Jerusalén, de Laquis y de Eglón, que se hallaban a 25 Kms. al NE. de Gaza, formaron una confederación encabezada por Adoni-zedec, rey de Jerusalén, para resistir las fuerzas extranjeras de invasión. Atacaron Gabaón, ciudad tributaria hevea de Israel. Avisado Josué, sus tropas irrumpieron en rápida y súbita embestida cerca de Betorón, donde deshizo al enemigo con gran destrozo. En Maceda, al SE. de Jerusalén, los reyes vencidos fueron capturados y ejecutados, y tomadas por asalto sus ciudades fuertes de Libna, cerca de Macedo, Laquis, Eglón, Hebrón y Debir; esta última a 19 Kms. al SO. de Hebrón (Josué 10).

Quizá fue esta batalla, en la cual Dios prestó su auxilio con una tremenda granizada y con una providencial prolongación del día, la más importante de la historia humana, puesto que el destino religioso del mundo entero se hallaba en aquel día en la balanza.

c. *La Conquista de Palestina Septentrional.* El más poderoso de los reyes de esta comarca fue Jabin, rey de Asor. Este reunió a los caciques confederados desde el monte Hermón hasta el Carmelo, y asentó su campamento junto a las aguas de Merom, donde la poderosa liga fue sorprendida y derrotada por Josué, quien de esta manera se apoderó de toda la región del N. de Canaán hasta el Monte Líbano (Josué 11).

3. Campañas Suplementarias.

Estas fueron llevadas a efecto para completar la obra de subyugación. La conquista de Palestina era todavía parcial, quedando lleno el país de pequeños núcleos de tribus nativas. La Llanura Marítima se hallaba en gran parte en manos de los filisteos y muchas de las ciudades tomadas en diversas partes fueron nuevamente ocupadas y fortificadas por sus antiguos dueños.

El libro de los Jueces relata tres campañas después de la conquista:

a. *La Campaña de Judá y Simeón.* Fue dirigida contra Adoni-Bezec, rey de Bezec, lugar desconocido de Judá, quien fue derrotado en batalla por las fuerzas unidas de Judá y Simeón y tomadas las ciudades de Gaza, Ascalón y Ecrón. Tal conquista sin embargo, no fue permanente, puesto que en breve tiempo los filisteos desalojaron de dichas ciudades a los israelitas (Jueces 1:1-8).

Otra acción fue dirigida contra las ciudades del Negeb, dando por resultado la destrucción de Sefat, llamada después Horma, al S. de Hebrón.

b. *La Campaña de Caleb y Otoniel.* La región alrededor de Hebrón prometida a Caleb en recompensa de su fidelidad fue conquistada por Josué al iniciarse la conquista, pero muy en breve los anaceos y amorreos volvieron a recuperarla. Caleb dirigió una campaña contra ellos y habiéndolos derrotado, tomo posesión de su heredad. Luego recompensó el valor de su pariente Otoniel, que había sojuzgado a Debir o Kiriat-sefer, dándole su hija a quien dotó con parte de su premio (Josué 14:1-15, y 15:13-19).

c. *La Campaña de los Danitas.* En la repartición de Canaán entre las Doce Tribus, la parte que se señaló a los danitas era muy fértil, pero al mismo tiempo muy estrecha. Por consiguiente 600 de sus guerreros se dirigieron a las faldas de Monte Hermón y conquistaron para si otra herencia en Lais, ciudad fenicia, cuyo nombre cambiaron por Dan. Desde aquella época, «De Dan a Beerseba» (de 240 Kms. de largo), según los hebreos, representaba las posesiones de Israel (Jueces 18 y Josué 19:47).

Los israelitas que habían salido de Egipto como una horda de esclavos con conocimientos muy imperfectos de Dios, después de los años de la peregrinación en el desierto entraron en Canaán como un pueblo disciplinado, organizado e instruido en la Ley Divina, habiendo recibido su forma de gobierno civil y su ritual religioso completo, a la par que el establecimiento del sacerdocio.

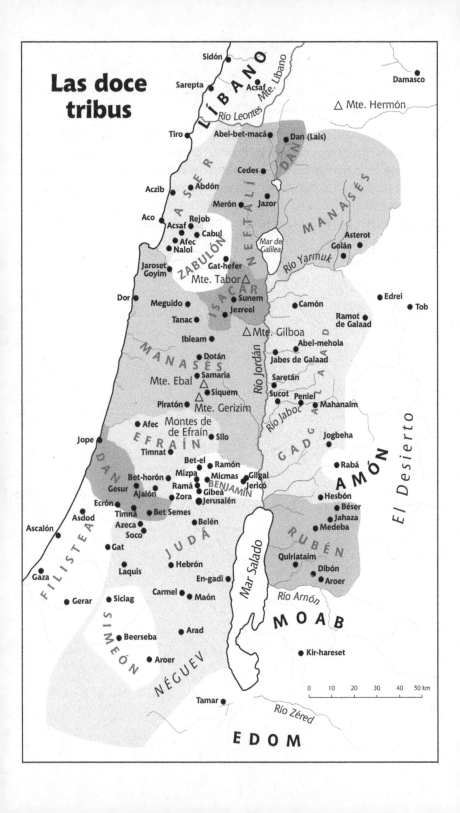

CAPÍTULO 9

Repartición de Palestina entre las doce tribus

Palestina fue repartida en forma desigual entre las tribus de Israel. La región Transjordánica fue cedida a las tribus aguerridas y ricas en ganados de Rubén, Gad y la media tribu de Manasés, a condición de que ayudaran a sus compatriotas a desalojar a los indígenas hostiles de la región occidental del país. Separadas estas tribus orientales de sus hermanos en el lado O. del Jordán, y de los cananeos que ocupaban el valle de dicho río, no tomaron gran parte en las luchas de la nación, más bien se asemejaban con el transcurso de los años a los beduinos que hacían incursiones en su territorio, los cuales no ambicionaban otra cosa en la vida que la de apacentar sus ganados (Números 32 y 1 Crónicas 5:18).

Después de las campañas llevadas a cabo en Palestina Occidental, las tribus de Judá y Efraín y la media tribu de Manases recibieron su herencia, pero las tribus restantes tardaron mucho en obtener sus posesiones. Josué pues mando tres hombres de cada una de ellas para hacer un croquis del país. Cuando volvieron se les repartió la tierra por suerte (Josué 18-19).

Debido al hecho de que algunas tribus poseían ciudades dentro del territorio de otras, y que las Doce Tribus después de sus triunfos iniciales perdieron terreno ante la reacción de los indígenas, las fronteras tribales de Israel estaban en estado inestable por carecer de límites bien determinados. Sin embargo, hay una división muy clara en: Las tribus de Palestina Oriental; y, 2. Las Tribus de Palestina Occidental.

1. Tribus de Palestina Oriental.

a. La Tribu de Rubén. (Números 32:1-38; y Josué 13:15-23). Tocóle a Rubén en el reparto de la comarca Transjordánica la región entre el río Arnón al S. y una línea entre Bet-jesimot y Rabotamón al NE. Limitaba al O. con el Mar Muerto y una pequeña parte del Jordán. Al E. sus límites no estuvieron bien demarcados puesto que tocaban en las tierras amonitas.

Esta tribu nunca se destacó por su poderío, o por su fuerza militar; además su posición fronteriza la exponía a frecuentes ataques de las tribus nómadas del desierto.

Ciudades. Las más célebres con que contaban eran:

Aroer, ciudad amorrea, sobre la margen N. del Arnón, pasó a manos de Rubén, pero después fue fortificada y rehabilitada por los gaditas (Números 32:34).

Beser o Betser. No se ha identificado su situación exacta, pero se supone que se hallaba cerca del río Arnón, en el lado SE. Escogida como una de las seis ciudades de refugio, pasó a manos de los moabitas en una época posterior (Deuteronomio 4:43).

Hesbon. Las extensas ruinas de esta ciudad hablan de su importancia en otros tiempos. Residencia real en un principio de un príncipe moabita, después capital del rey amorreo, se hallaba cerca de la línea limítrofe entre Gad y Rubén, frentea frente a Jerusalén. Fue asignadaa la tribu de Rubén, pero pasó a la de Gad, convirtiéndose en ciudad levítica. Posteriormente los moabitas se adueñaron de ella.

Jahaz. Al repartirse el territorio de la región Transjordánica, Jahaz correspondió a Rubén, mas en seguida paso a ser posesión de los levitas. El lugar donde existió no se puede precisar, pero según parece se hallaba al O. SO. de Rabbat-amón, en donde Moisés derrotó al rey amorreo. En tiempo de Isaías era ciudad moabita (Números 21:23).

Lasa. Hay conjeturas que Lasa se identifica con Callirhoe, al E. del Mar Muerto, famosa por sus manantiales de aguas termales, frecuentado por Herodes el Grande en su ansiedad de recobrar su maltratada salud (Génesis 10:19).

Otras ciudades de esta comarca eran Dibón, Sibma, Modeba, (Números 21:25-30). Atarot, Bet-jesimot y Kiriataim, etc.

b. La Tribu de Gad (Números 32:34-36 y Josué 13:24-28). Ocupaba gran parte del antiguo Galaad, extendiéndose su territorio a lo largo de las riberas orientales del Jordán, desde cerca del Mar Muerto hasta el Lago de Galilea. Se avecindaba por el S. con Rubén y por el E. con el desierto. El Valle del Jordán quedó en posesión de los cananeos (véase la nota sobre Galaad).

Ciudades. Entre sus localidades merecen mención:

Minit, ciudad amonita, conquistada por Jefté, estaba situada a 8 Kms. al N. de Hesbón Se hizo célebre por la abundancia y excelente calidad de su trigo, que se exportaba a Tiro (Jueces 11:33 y Ezequiel 27:17).

Jacer, antiguo pueblo amorreo, tomado de los amonitas fue reedificado por Gad y ocupado por los levitas, hijos de Merari. Estaba situado aproximadamente a 24 Kms. de Hesbón (Josué 21:39).

Mahanaim, situada en la línea fronteriza de las tribus de Gad y Manasés al N. del Jaboc y asignada a los levitas meraritas, no dejó de tener importancia desde el tiempo de Jacob hasta el reinado de David, fecha en que sirvió de lugar de refugio al rey, durante la rebelión de Absalon (Josué 13:26).

Penuel o Peniel, lugar de la lucha memorable que sostuvo Jacob con el ángel, se hallaba sobre la orilla S. del Jaboc. Sus hombres dirigentes fueron muertos por Gedeón por no haberle prestado auxilio en la guerra contra los madianitas (Jueces 8:5-17).

Sucot, también allende al Jordán cerca de la margen oriental del valle de dicho río, al N del Jaboc. Gedeón castigó a sus habitantes con abrojos del desierto por negar altaneramente víveres para sus soldados cuando perseguía a los madianitas (Jueces 8:5-17) .

Ramot-de-Galaad, plaza fuerte y ciudad levítica y de «refugio», situada sobre la cima de una eminencia que domina el valle de Jaboc. Fue lugar residencial de uno de los proveedores de la casa real de Salomón, pero más tarde cayó en poder de los siros, de quienes Acab trató en vano de recobrarla. Sin embargo, Joram, su hijo, pudo tomarla, muriendo poco después de manos de Jehú, su general, quien fue ungido como sucesor del rey por orden de Eliseo (Josué 20:8).

Jabes-de galaad Al SO. de Mahanaim, fue saqueada en la época de los Jueces a consecuencia de haber rehusado tomar parte en la guerra de exterminio contra Benjamin. Saúl se apresuró a socorrer la ciudad poco después de su exaltación al mando supremo, cuando los amonitas la amenazaron con la destrucción. Pasado un tiempo manifestaron su gratitud por este servicio los de Jabes, rescatando el cadáver de su benefactor del muro de Betsán del vilipendio del populacho, dándole honrosa sepultura (2 Samuel 2:5).

Bet-nimra, antigua población amorrea, en el borde oriental del Valle del Jordán, reedificada por los gaditas (Josué 13:27).

c. La Tribu de Manasés (oriental) (Números 32:39-42 y Josué 12:99-31). Extensa fue la herencia que cupo a los manaseitas cuando se repartió el territorio palestino, pues se extendía desde Mahanaim hasta el monte Hermón y avanzaba desde el Jordán y sus lagos septentrionales a gran distancia por las tierras de Levante. Nunca lograron desalojar a los habitantes de Gessuri, región entre Basán y el monte Hermón y dentro de los límites de Israel (Deuteronomio 3:14).

Ciudades. De las muchas poblaciones asignadas a los de Manasés, nos limitaremos a consignar las de mayor interés histórico, a saber:

Kenat, en el extremo NE. del territorio israelita fue tomada por Noba, manaseíta, quien le cedió su nombre. Más tarde vino a ser posesión de los aborígenes paganos (Números 32 y 42).

Edrei, antigua capital de Basán, cerca de la cual derrotaron a Og, último retoño de los gigantes rafeos (Deuteronomio 3:1-8).

Gaulón, ciudad sacerdotal y de «refugio», situada al NE. del Lago de Genesaret (Josué 20:8).

Astarot, antigua capital de Og, fue habitada, después de la conquista de Canaán, por los levitas gersonitas (Josué 13:31).

Afec, estaba ubicada a 5 Kms. al E. del Mar de Genesaret en la ruta de caravanas, entre Damasco y Betsán. Había otras ciudades diseminadas por Palestina que llevaban el mismo nombre, una se hallaba al N. de Sidón y otra en la llanura de Sarón (Josué 12:18).

Salca, ciudad fortificada al E. de Edrei, en la frontera del reino de Og (Deuteronomio 3:10).

Betsaida, Gadara y Cesarea-de-Filipo, son ciudades de esta comarca, mencionadas en el Nuevo Testamento.

2. Tribus de Palestina Occidental.

a. La Tribu de Simeón (Josué 19:1-9). Ocupaba la tribu de Simeón el extremo S. de Palestina. La comarca que se le asignó fue tomada del territorio que previamente se había señalado a Judá. De indeterminados límites comprendía la pequeña región de pastos entre los montes y el Desierto de la Peregrinación al S. Poco se sabe de su historia, pues siendo una tribu fronteriza perdió con el devenir del tiempo su individualidad, fusionándose con las tribus nómadas de Arabia Petrea del S. y la fuerte tribu de Judá del N.

Ciudades. Los filisteos se enseñorearon de la mayoría de las 18 ciudades cedidas a Simeón por Judá, hasta el tiempo de David. De las que poseyó incúmbenos hacer mención de las siguientes:

Beerseba, antiquísima ciudad histórica de muchas reminiscencias bíblicas y lugar favorito de residencia de los Patriarcas, fue asignada primero a Judá y después a Simeón. Poblada después del Cautiverio, continuó siendo una población de importancia, aun en la época posterior a la de Cristo. En la actualidad es una pequeña población sobre la línea ferroviaria, con una población de 3.000 habitantes, mayormente beduinos (Josué 19:1-2).

Siclag, al E. de Gaza y cerca de la frontera filistea, señalada primeramente a Judá, pasó a ser posesión de Simeón El rey Aquis de Gat se la regaló a David, quien hizo de ella centro de sus expediciones militares por corto tiempo. Como Beerseba, fue poblada después del Cautiverio (Josué 19:5).

Sefat u Horma, en el extremo meridional del país, fue dos veces destruida: primero por los israelitas en el año siguiente al de su salida de Egipto, y más tarde por las tribus de Judá y Simeón, a las cuales perteneció sucesivamente (Josué 19:5).

Gerar, la ciudad principal de los filisteos en la época de Abraham, se hallaba cerca de Beerseba, que pronto volvió al poder de sus antiguos propietarios (Génesis 26:1).

Arad, sita en una eminencia a 25 Kms. al S. de Hebrón, cuyos habitantes salieron a dar batalla a los israelitas cerca del Monte Hor, cuando intentaron entrar en Canaán. Más tarde sus habitantes fueron sometidos por Josué (Jueces 1:16).

b. La Tribu de Judá (Josué 15:1-63). Grande y dilatado a la par que populoso fue el territorio que le tocó a Judá en la región meridional del país cuando la repartición Se extendía desde el Mediterráneo al 0. hasta el extremo septentrional al meridional del Mar Muerto por el lado de Levante.

La línea divisoria al N. se especifica detalladamente en Josué 15.

Ciudades. Cedió 18 de sus 115 ciudades a Simeón, y otras a Dan y a Benjamin. Haciendo caso omiso de las poblaciones filisteas, mencionaremos otras de fondo bíblico de esta tribu.

Hebrón, que también se llamaba Kiriatarba o Mamre, en las Escrituras. Este ultimo nombre puede referirse a Hebrón o al distrito de la misma designación en torno de la ciudad. Situada a 32 Kms. al S. de Jerusalén en uno de los lugares más fértiles de Judá, entre ricos viñedos, higueras y olivares, es una ciudad cuya existencia se remonta a una gran antigüedad. Fue residencia favorita y lugar de sepultura de los insignes Patriarcas, y después de la Conquista, ciudad Levítica de «refugio». Hoy es una ciudad de 1000 habitantes que sostiene relaciones comerciales con las comarcas regionales (Josué 15:54).

Belén o Efrata, véase la nota sobre esta población en el Ministerio del Salvador, más adelante.

Carmelo, ubicada a 14 Kms. al SE. de Hebrón, en una eminencia del mismo nombre, cuyas ruinas indican que era un lugar de importancia. Saúl, de vuelta de su expedición victoriosa contra Amalec, erigió un arco de triunfo en este lugar (Josué 15:55).

Tecoa, lugar de residencia de Amós, cerca de la cual pastoreó sus rebaños. Se hallabaa8 Kms. al S. de Belén en la cima de un collado en medio de una espesura de olivos y perales (Amós 1:1). *Betsemes,* situada en la línea limítrofe entre Judá y Dan en el camino que conducía de Ascalon y Asdod, a Jerusalén, fue apartada por Judá para los sacerdotes descendientes de Aarón. Cuando los filisteos se deshicieron del Arca, descansó en este lugar, antes de enviarla a Kiriatjearim (Josué 15:10 y 1 Samuel 6:6-21).

Azeca, cerca de Soco, en cuyas inmediaciones Goliat presentó batalla a los israelitas (Josué 10:10 y 1 Samuel 17:1).

Kiriat-Jearim, ciudad gabaonita, al N. de Jerusalén, en la línea divisoria entre Judá y Benjamin. Allí fue llevada el Arca que devolvieron los filisteos y allí permaneció hasta que David la trasladó a Jerusalén (Josué 15:9).

Otras poblaciones de interés bíblico de aquella comarca mencionadas en Josué 15, son: Soco, Keila, Maón, Adulán, Laquis, Debir, Libna y Engadi; anotaciones geográficas referentes a ellas se encontrarán en páginas posteriores.

c. La Tribu de Benjamín (Josué 18:11-28). Reducida fue la región otorgada a los benjamitas cuando se efectuó la división de la Tierra Prometida. Asentada entre las poderosas tribus de Efraín, al N. y Judá al S., con el Jordán al lado del Levante y Dan al Poniente, contó con muchos lugares de grandes acontecimientos bíblicos, a pesar de lo limitado de su territorio.

Ciudades. Entre las que poseyó figuraban como más notables:

Jebús. Si bien los benjamitas no consiguieron desalojar a los jebuseos, de Jebús, o Sion, su fortaleza, habitaban la ciudad al lado de ellos estando así amenazados los de Benjamin de asimilarse a la baja religión y vida moral de sus enemigos (Josué 18:28).

Gilgal. Constituyó el campamento militar y cuartel general de los israelitas durante el período de la Conquista, ubicada entre el Jordán y Jericó. Fue asiento por poco tiempo del Tabernáculo hasta que fuese transportado a Silo, pero en la época de Jeroboam se transformó en un foco de grosera idolatría, contra el cual lanzaron muchas amenazas los profetas Oseas y Amós (Josué 5:7-10).

Jericó, que fue destruida totalmente al iniciar la conquista. La nueva ciudad del mismo nombre que fue construida en sus cercanías en una época posterior, era lugar de celebridad por la hospitalidad que Zaqueo brindara al Salvador (Josué 2:1-21).

Hai, situada al E. de Betel, fue testigo del primer descalabro que sufrió Israel en Palestina Occidental por la mala fe de Acán (Josué 7:2-5).

Betel, población delincuente a cuya degradación moral aluden los profetas. Sirvió de asiento al Arca de la Alianza, sin embargo acabó per ser centro de repugnante idolatría, habiéndose establecido en ella el culto del becerro de oro (Josué 16:2).

Ramá, sita no muy lejos de Betel, fue fortificada por Baasa para impedir que los de Judá hicieran excursiones militares al Reino del

Norte. En la actualidad es una aldea miserable y ruin, llamada Erram (Josué 18:25 y 1 Reyes 15:17).

Anatot, lugar de nacimiento de Jeremías, situada a 4½ Kms. al NE. de Jerusalén, es actualmente un lugar de mala muerte (Josué 21:18).

Gabaa, constituía la ciudad residencial de Saúl cuando fue designado rey, y teatro del espantoso ultraje que culminó en la destrucción de casi toda la tribu benjamita (Josué 18:28).

Micmas. Está situada al N. de Gabaa aproximadamente 12 Kms. al NE. de Jerusalén. Militarmente considerada gozaba de cierta importancia, pues se hallaba en la parte N. de un paso del mismo nombre, el cual estaba flanqueado un poco al O. de la ciudad por dos riscos salientes que daban frente el uno al otro, punto en que Jonatán dio pruebas de su proeza.

La población moderna, llamada Mukmas está edificada sobre las ruinas de la antigua ciudad (1 Samuel 13:2 y 23).

Gabaón, centro principal de los heveos, cuyos habitantes sorprendieron la buena fe de Josué logrando hacer una alianza con el, es memorable como escenario de muchos acontecimientos bíblicos tales como se leen en Josué 9 y, 2 Samuel 2:12-32, etc.

Mizpa, pueblo rico en asociaciones históricas situado en una altura cerca de Ramá, era un punto céntrico de unión de las tribus durante la época de los Jueces. Fue fortificado más tarde por Asa para que sirviera de defensa contra Israel. Volvió a habitarse después del Cautiverio (Josué 18:26 y Jueces 20:1).

d. La Tribu de Dan (Josué 19:40-48 y Jueces 18). La estrecha comarca que correspondió a Dan cuando la repartición, estaba situada entre Benjamin y el Mediterráneo, con Efraín por límite septentrional y Judá por límite meridional. Según Jueces 1:34 los amorreos presionaron a los hijos de Dan y no los dejaron descender a la campiña, de modo que se vieron obligados a mantener una especie de campo fortificado entre Sora y Estaol (véase la nota sobre la «Campaña de los Danitas»). Desde la época de la «División», a través de la historia subsecuente de Israel, la ciudad de Dan al pie del monte Hermón fue un gran punto de degradante idolatría nacional (Jueces 13:25 y 1 Reyes 12:28-29).

Ciudades. Puesto que no consiguieron lanzar a los aguerridos hijos de Filistea de su territorio, sus ciudades no eran muy numerosas ni se destacaban por su celebridad. Figuraban sin embargo, entre ellas:

Timna, población perteneciente a Judá, después transferida a Dan, fue arrebatada de los danitas por sus antiguos dueños en el reinado de Acaz. Se hallaba en la línea fronteriza del territorio asignado a Judá (Josué 15:10 y Jueces 14:1).

Ajalón, ciudad de la Séfela, situada a 21 Kms. al NO. de Jerusalén y cerca del valle del mismo nombre, en donde el sol y la luna se detuvieron obedeciendo al mandato de Josué. Aunque señalada a los danitas y designada como ciudad levítica de los coatitas, no se logró expeler a sus antiguos dueños, los amorreos. Después de la secesión de las Diez Tribus vino a ser posesión benjamita, fortificada por Jeroboam (Josué 10:12 y Jueces 1:34-35).

Elteque, se menciona en las Escrituras en conexión con las hazañas de Senaquerib. Su ubicación no ha sido identificada (Josué 19:44).

Zora, punto fronterizo danita, fortificada por Roboam, se hallaba dentro de los límites de Judá. Sirvió de lugar residencial a Manoa y a Sansón (Josué 19:41 y Jueces 13:2 y 25).

Ecrón, que correspondió a Judá, pero entregada a Dan, situada al NE. de Asdod, era la más septentrional de las cinco principales ciudades filisteas. No tardó mucho en que sus antiguos amos se apoderaran de ella. Los israelitas nunca la poseyeron tranquilamente (Josué 19:43).

Lida, llamada por los griegos Dióspolis, y en el Antiguo Testamento, Lud o Lod, es hoy un miserable villorio llamado Ludd, a 15 Kms. al E. de Jope (1 Crónicas 8:12).

Jope, antiquísimo puerto marítimo y ciudad fronteriza de Dan. Aquí se embarco Jonás a fin de evadir el mandato divino de que profetizase contra Nínive. Los cedros para la construcción del Templo llegaron en balsas hasta este puerto.

Su suburbio, Tel Aviv, establecido en 1909 como un lugar residencial judío, es ahora una gran ciudad moderna, célebre tanto por sus manufacturas como por ser lugar de veraneo y de recreo (Josué 19:46).

Estaol, situada en el límite occidental de Judá, concedida después a Dan y mencionada en las Escrituras en conexión con la historia de Sansón (Josué 15:33).

c. La Tribu de Efraín (Josué 18:5-10 Y, 17:14-18). La región adjudicada en heredad a esta tribu se hallaba ubicada en el corazón del país sobre un rico y feraz suelo, extendiéndose del Jordán al Levante y del Mediterráneo al Poniente, con Manasés al N. y Dan y Benjamin al S.

Los cananeos ofrecieron una resistencia tan tenaz a los efrateos en ambos lados de la Cordillera Central, hacia el Mediterráneo por el O. y el Valle del Jordán al E., que ellos consideraban su posesión demasiado limitada. Por consiguiente reclamaron de Josué que les concediese más espacio. Este les contestó con un aire medio irónico y un tanto severo, instándoles a desarraigar a los cananeos de su territorio y a ocupar sus ciudades, consejo que siguieron solamente en parte. Más tarde esta ambiciosa y arrogante tribu se puso a la cabeza de las 10 tribus separatistas, que se rebelaron contra Roboam, constituyéndose de hecho en la principal de todas.

Ciudades. Las siguientes son quizá dignas de mención especial:

Timnatsera, situada en las serranías de Efraín, fue residencia y sepultura de Josué (Josué 24:30).

Tirsa, célebre por su atractiva topografía, se hallaba a 21 Kms. al E. NE. de Samaria representada actualmente por Teiaser. Llegó a ser capital de las Diez Tribus hasta que Omri la estableciera en Samaria (1 Reyes 15:21).

Siquem. Ciudad amurallada y la primera capital del Reino del Norte, fue reconocida como población levítica y de «refugio», de donde dirigió Josué sus últimas exhortaciones a Israel y en donde se sepultaron los restos de José. Fue destruida en la época de los macabeos, pero reedificada más tarde por el Emperador Vespasiano, quien la llamó Flavia Neápolis, nombre que los árabes convirtieron en Nablus. La vista que se obtiene de la ciudad desde las eminencias cercanas, con sus minaretes y cúpulas y sus jardines y árboles que la circundan, es la más risueña y encantadora. Hoy es un gran centro comercial que cuenta con una población de unos 800 habitantes (Josué 24:25). *Silo,* ubicada sobre una altura al S. de Siquem, fue asiento del Arca y del Tabernáculo, que anteriormente se hallaba en Gilgal; continuó siendo centro religioso del país desde la Conquista hasta los días de Saúl. Lugar de múltiples acontecimientos bíblicos que ya no existe (Josué 18:1 y Jueces 21:19).

Betorón, ciudades gemelas de Efraín distante 2½ Kms. la una de la otra sobre la línea fronteriza entre la expresada tribu y Benjamin, distinguidas todavía con los nombres de Alta-betorón y Baja-betorón. Dominaba el paso de los montes en el camino que queda entre Jerusalén y la llanura Marítima. Subiendo y bajando este desfiladero rugía con frecuencia la marea de guerra. Fue teatro de la derrota de los cinco reyes de Josué: las huestes filisteas lo subieron para pelear contra Saúl; y en la época de los macabeos se libraron allí sangrientas batallas (Josué 10:10).

Gezer. Con sus suburbios fue asignada a los coatitas. Los efrateos no pudieron desalojar a los cananeos de la ciudad, pero parece que la ocuparon junto con ellos a lo menos por un tiempo. Uno de los Faraones, después de asolarla se la dio como regalo de bodas a su hija, mujer de Salomón, quien la fortificó (Josué 10:33).

Samaria. (Véase la nota sobre esta ciudad en el «Ministerio del Salvador»).

f. La Tribu de Manasés (Occidental), (Josué 17). El territorio que correspondió a Manasés cuando se llevó a cabo la repartición, se hallaba enclavado en el centro del país, entre el Jordán y el Mediterráneo Su frontera septentrional seguía la dirección de la pendiente N. de la cadena del Carmelo hasta la parte SO. de la «herencia» de Aser. Los aborígenes ocuparon las tierras bajas del Jordán, la Llanura de Esdraelón, y la región colindante con el Mediterráneo, de modo que los manaseitas estaban limitados a las regiones montañosas. Sin embargo, en una postrera época consiguieron someter a tributo a los primitivos moradores.

Ciudades. Entre las mas importantes deben consignarse:

Ofra, residencia de Gedeón, en donde fue llamado a emprender su misión libertadora (Jueces 6:11-24).

Taanac. Estaba dentro de los límites de Isacar, pero nominalmente perteneciente a Manasés, hallándose al SE. de Meguido en el borde SO. del llano de Esdraelón. Aunque tuvieron residencia en ella los levitas coatitas, el poder cananeo sobre la ciudad no fue roto hasta la época de Salomón (Josué 21:25).

Dotán, población no muy lejos de Siquem y cerca de la llanura de Esdraelón. Su importancia estriba en que se hallaba cerca de una ruta de caravanas que transitaba entre Siria y Egipto y de un paso que daba a la tierra montañosa de Judá. Aquí Eliseo hirió con ceguedad a las huestes asirias cuando trataron de prenderle (Génesis 37:17 y 2 Reyes 6:8-23).

Ibleam, identificada con Belam, se encontraba en el territorio de Isacar, pero fue concedida a Manasés (Josué 17:11).

Dor, en el territorio aserita, pasó al dominio de Manasés. Estaba situada entre Cesarea y el monte Carmelo, constituyendo en la actualidad una insignificante aldehuela (Josué 17:11)

Endor, a 91/2 Kms. al SE. de Nazaret, fue el lugar donde Saúl consultó con la pitonisa, en vísperas de su última batalla contra los filisteos (Josué 17:11 y 1 Samuel 28).

Meguido, también dentro de los límites de Isacar, pero perteneciente a Manasés. se hallaba situada en la frontera SO. de Esdraelón. Era punto estratégico militar, puesto que vigilaba el paso que permitía el fácil tránsito de caravanas y tropas de la llanura de Sarón, a la de Esdraelón. Los cananeos ejercieron dominio sobre ella por largo tiempo, pero posteriormente Salomón la hizo fortificar (Josué 17:11 y 1 Reyes 9:15).

Betsán. Plaza fuerte ubicada en la garganta del valle de Jezreel, el cual bajando de este punto desciende al Jordán. Fue asignada a Manasés, aunque dentro del territorio de Isacar. No se pudo expeler a los cananeos de la ciudad, pero se les obligó a pagar tributo en el reinado de David. Dominaba no solamente los caminos reales que conducían a Perea y al Haurán, sino que constituyó la salida al Mediterráneo. Hoy figura como un pobre caserío de unas cuantas casuchas (Josué 17:11).

g. La Tribu de Isacar (Josué 19:17-23). La posesión de Isacar se hallaba enclavada entre Zabulón y Neftalí por el N. y Manasés y probablemente Aser por el S. y 0., sirviendo el Jordán de límite oriental. Incluía su territorio una parte considerable de la feraz llanura de Esdraelón, la cual estaba bajo el poder cananeo durante gran parte de la historia de Israel, circunstancia que obligó a la tribu a radicarse en las serranías. El ardiente patriotismo de Isacar se elogia en Jueces 5:15.

Caná, Naín y Nazaret, poblaciones de esta región mencionadas en el Nuevo Testamento, fueron escenarios de las actividades del Salvador.

Ciudades. Fueron éstas pocas y de escasa celebridad. Las más importantes se dan a continuación:

Enganim, población de los levitas gersonitas en la margen meridional de la llanura de Jezreel (Josué 21:29).

Sunem, enfrente del monte Gilboa, era ciudad natal de la piadosa sunamita que brindó su hospitalidad a Eliseo (Josué 19:18).

Jezreel o Izreel, lugar fortificado en la llanura de Esdraelón, al NO. de Betsán, sobre la ceja de una elevada colina, de donde se disfruta de una vista deliciosa de Esdraelón al O. Fue residencia de Acab y escena del crimen perpetrado por Jezabel contra Nabot, para posesionarse de su codiciada viña. Más tarde la impía y sanguinaria reina fue muerta en el mismo lugar (Josué 19:18 y 2 Reyes 9:30-37).

Otras poblaciones pertenecientes a esta tribu eran: Hafaraim, Debera, Abelmehola y Afec., etc.

h. La Tribu de Aser (Josué 19:24-31). Esta tribu gozaba de una situación muy ventajosa, pues se hallaba a lo largo del litoral mediterráneo, entre el monte Carmelo al S. y Zidón al N. Su suelo era productivo y rico en hierro, y sílice o pedernal.

Lejos de arrojar a los fenicios de las muchas poblaciones de aquella comarca, los aseritas pronto entraron en relaciones amistosas con ellos ocupando a la sazón dichas poblaciones, lo cual resultó en detrimento de su piedad y nacionalidad. Sin embargo, una división de dicha tribu se estableció en la Cordillera Central y mantuvo relaciones cordiales de interés nacional con sus tribus hermanas. En 2 Crónicas 30:11 se hace honrosa mención de este pueblo.

Ciudades. Se distinguieron entre las pocas que correspondieron a Aser, las siguientes:

Miseal y Abdón, clasificadas como ciudades concedidas en herencia a los levitas, cuya situación no se sabe a ciencia cierta (Josué 21:30).

Acsaf, ciudad real cananea en la línea limítrofe de Aser, capturada por Totmes III de Egipto, y posteriormente por Josué (Josué 19:25).

Cabul, pequeño pueblo situado a 14 Kms. al E. SE. de Acre (Josué 19:27).

Rehob, que constituía el punto más septentrional a que llegaron los espías enviados a explorar a Canaán, pueblo que nunca llegó a ser posesión aserita (Josué 21:31).

Afec. Se hallaba sobre las fronteras de Sidón. Los cananeos conservaron su derecho en ella durante largo período. Había otras poblaciones del mismo nombre esparcidas por el país (Josué 19:30).

Aco, puerto de mar, que tampoco fue ocupado por los hebreos (Jueces 1:31).

i. La Tribu de Zabulón (Josué 19:10-16). La herencia zabulonita se extendía desde la base del monte Carmelo, hasta el Lago de Genesaret, entre los confines de Isacar por el lado S. y los de Neftalí y Aser por el lado N. y NO. Su magnifica posición geográfica en las inmediaciones del mar, junto con su suelo feraz y bien regado, debía haber contribuido a que Zabulón fuese una de las tribus más potentes de Palestina. Pero según 2 Crónicas 30:10, parece que se debilitó y entorpeció su influencia en gran manera al adaptarse a las burdas costumbres paganas de los nativos.

Posteriormente, los habitantes de aquella comarca fueron altamente favorecidos con las enseñanzas del Salvador (Mateo 4:12-16).

Ciudades. Pasando por alto otras menos importantes, citaremos las más destacadas y de mayor interés bíblico:

Git-hefer. Situada a 5 Kms. al NE. de Nazaret, era ciudad natal del profeta Jonás (Josué 19:13 y 2 Reyes 14:25).

Quislot-tabor, de hermosa ubicación sobre una eminencia rocosa al O. del monte Tabor (Josué 19:12).

Cata, se supone que es equivalente de Cana de Galilea (Josué 19:15).

Citrón y Naalol, pueblos asignados a Zabulón, quedaron en posesión de los cananeos (Jueces 1:30).

Belén, distinta de «la ciudad de David» que fue designada con frecuencia «Belén de Judá», se halla situada a 12 Kms. al NO. de Nazaret. Hoy es una insignificante aldehuela (Josué 19:15)

j. La Tribu de Neftalí (Josué 19:32-39). Ocupaba una faja de tierra montañosa y fértil que se extendió desde el Alto Jordán hasta el S. del Mar de Galilea, territorio que confinaba por el N. con el Líbano, y por el O. con las tribus de Zabulón y Aser.

Su situación que la tenia tan alejada del centro teocrático nacional contribuyó a que dentro de poco se viese enmarañada en dificultades con los naturales, quienes recuperaron la mayoría de sus ciudades; además, como tribu fronteriza sufrió los primeros choques de guerra de las huestes invasoras extranjeras.

La región árida y estéril de Cabul, que contenía las veinte ciudades que Salomón diera a Hiram, se encontraba en la parte septentrional de Neftalí. El referido nombre fue un término genérico puesto por el príncipe fenicio, que implicaba el poco aprecio que sentía con semejante obsequio (1 Reyes 9:12-13).

Ciudades. Muchas de las ciudades importantes del territorio de Neftalí se hallaban en manos de los indígenas, pero merecen citarse las que se dan acto seguido:

Cedes-neftali, Hamot-dor y Cartán, ciudades levíticas, la primera de las cuales se menciona como ciudad fortificada y de «refugio» en Josué 21:32.

Ahión, población fortificada cerca de las fuentes del Jordán, cuyo suelo fue talado por Benhadad (1 Reyes 15:20).

Asor, ciudad real cananea, en el NO. del Lago Merón, fue reducida a cenizas por Josué, pero reedificada más tardes por los cananeos. Bajo la inspiración de Débora, Barac desbarató a las huestes de su rey Jabín en la época de los jueces (Josué 11:1-13).

Migdalel, punto fortificado situado a 20 Kms. al NO. del Lago Merom (Josué 19:38).

Abel-bet-maaca, plaza fuerte de importancia al N. del lago Merom, célebre por su adhesión a las costumbres judías. Se halló sitiada en la rebelión de Seba. En 734 a.C. Tiglatfalasar la capturó y transportó a sus habitantes al oriente (2 Samuel 20:15).

Las Ciudades Levíticas (Josué 21)

No se les concedió a los levitas una herencia como a las demás tribus, sino que cada tribu tuvo que concederles ciertas ciudades en su respectivo territorio con sus correspondientes campos, olivares y jardines.

Las tres divisiones del cuerpo levítico, eran:

1. Los Coatitas; 2. Los Gersonitas; y, 3. Los Meraritas (Números 3:17).

Las ciudades entregadas a estas familias fueron repartidas en la manera siguiente, a los:

1. Coatitas, que pertenecían al Orden Sacerdotal (Josué 21:10-19).

Ciudades	Tribu	Total
9 en	Judá y Simeón	
4 en	Benjamin	13 en

«Mas las familias de los hijos de Coat, los que quedaban de los hijos de Coat, recibieron por suerte» (Josué 21:20-26).

4 en	Efraín	
4 en	Dan	
2 en	Manasés	10
	(Occidental).	

2. Gersonitas, (Josué 21:27-33).

2 en	Manasés (Oriental).	
4 en	Isacar	
4 en	Aser	
3 en	Neftalí	13

3. Meraritas (Josué 21:34-40).

4 en	Zabulón	
4 en	Rubén	
4 en	Gad. 12	

CAPÍTULO 10

Palestina bajo los jueces

El período de historia de los Jueces, de más o menos 330 años, que se extiende desde la muerte de Josué hasta el comienzo de la monarquía bajo Saúl, figura entre los problemas inciertos de la cronología.

La desorganización política, y la falta de unión y de progreso que caracterizaban la época de los Jueces, se debió al hecho de que no había una autoridad central, pues el único lazo de unión y de garantía de ley y orden que poseía Israel durante la época en referencia fue el culto del Tabernáculo, el cual habiendo sido abandonado por gran parte del pueblo para ir tras dioses falsos, no le quedó otro remedio que asegurar su unidad nacional (Jueces 2:7-12 y 17:6).

Los Jueces eran los que hacían frente a las sublevaciones de los antiguos moradores del país, y a las tribus extranjeras que lo invadieron. Entre tanto que el pueblo oprimido estaba bajo la dirección del caudillo o Juez, se sometía a Jehová, pero pasado el peligro, seguía la corriente general de apostasía y paganismo. Las emergencias que llamaron al frente a los libertadores o Jueces, se conocen como «Opresiones», las cuales se pueden clasificar como sigue, aunque no se dan en orden cronológico:

1. Las Opresiones Internas; 2. Las Opresiones Externas.

1. Opresiones Internas.

a. *La Primera Filistea.* Los filisteos hicieron una incursión en la región montañosa de Judá, pero fueron expulsados por Samgar en un lugar desconocido en la frontera entre Judá y Filistea (Jueces 3:31).

b. *La Cananea.* Los cananeos se hicieron muy fuertes en toda la región al N. del Monte Carmelo. Débora la profetisa, se empeñó en librar a las tribus de la aludida región de la tiranía de Jabín, y habiendo llamado a Barac lo indujo a atacar al enemigo, asegurándole un éxito seguro en la empresa. Luego el pequeño ejército de Israel que se acampó en el monte Tabor, descendió de este para dar batalla a Sísara, general de Jabín, en momentos en que se desencadenó una terrible tempestad que soplaba en su rostro y en los de sus soldados emplazados en la Llanura de Esdraelón, la cual imposibilitó el funcionamiento de sus carros de guerra; además, el Cisón, transformado en torrente rápido y considerable por las lluvias, arrastró un número crecido del enemigo.

Con este golpe tan descalabrante que sufrieron los cananeos, jamás volvieron a hacer esfuerzos en grande escala para recobrar su independencia (Jueces 4 a 5).

c. *La Segunda Filistea.* Nuevamente los filisteos intentaron dominar a Israel. Bajo la administración de Elí, de Sansón y de Samuel, y durante todo el reinado de Saúl, Israel se hallaba con pocos intervalos en servidumbre a este pueblo, la cual no fue sacudida con éxito hasta que David hubiera consolidado todo el país (Jueces 13 a 16).

Las hazañas de Sansón, en Timna, en el límite NO de Judá, en Lehi, al NO. de Belén, y en Gaza, en Filistea, eran incidentes fronterizos y puramente locales en sus consecuencias (Jueces 15 a 16).

2. Opresiones Externas.

a. *La Mesopotamia.* Cusanrisataim de Mesopotamia oprimióa Israel durante ocho años, pero al fin sufrió una derrota a manos de Otoniel (Jueces 3:1-11).

b. *La Moabita.* El rey de Moab, auxiliado por los amonitas y los amalecitas del desierto, tomó posesión de Jericó, constituyéndola en centro de gobierno de la región central del país, esto es, el territorio de Judá y Benjamin mayormente. Domino a Israel 18 años; Aod asesinó a Eglón, rey de Moab, y acto seguido llamaron a sus compatriotas a unirse en el Monte Efraín, con el fin de dar batalla al enemigo. Una victoria rotunda se logró sobre los aliados, en los «Valles de

Moab» y como consecuencia la tierra gozó de paz durante 80 años (Jueces 3:12-30).

c. **La Madianita.** Se unieron los madianitas, procedentes del E. con los beduinos amalecitas, los cuales en incontables bandadas invadieron Canaán Central, despojando a los israelitas de sus bienes y obligándoles a refugiarse en las hendiduras de las rocasy en las cavernas de las montañas. Gedeón el libertador reunió su ejército en el Monte Gilboa, mientras sus enemigos se emplazaron en el Pequeño Hermón. Luego dirigió contra estos un ataque sorpresivo de noche, logrando que cundiera el pánico en el campamento y la consecuente huida al Jordán, por vía de Bet-sitta y Abel-mehola. Se conjetura que Tabat se hallaba al lado oriental del Jordán en la latitud de Betsán, y Betbara donde los efrateos salieron a su encuentro, estaba ubicada al N. del Jaboc (Jueces 6 a 8).

Los hombres de Sucot y de Peniel rehusaron auxiliar a los fatigados soldados de Gedeón en persecución del enemigo, mas a su regreso se les castigó severamente. Finalmente en Carcor, cuya ubicación al E. del Jordán no se puede precisar, fue sofocada la sublevación.

Tal desconcertante fracaso que sufrió Madián, pueblo tan pertinaz en su enemistad a Israel, debilitó su poder bélico en tal forma que desaparece luego de las páginas de la historia.

d. **La Amonita.** Este pueblo inquietaba y oprimía las tribus hebreas del E. del Jordán durante 18 años. Jefté lo dispersó en Aroer y asoló su territorio hasta Minit (Jueces 10 a 12:7).

CAPÍTULO 11

El Reino Unido

El período del Reino Unido abarca unos 120 años. Suele dividirse como sigue: 1. El Reinado de Saúl; 2. El Imperio de David; y, 3. El Imperio de Salomón.

I. El Reinado de Saúl

El pueblo de Israel bajo la sabia administración de Samuel aumentaba en poder y orgullo nacional, mientras que iba acentuándose la inquietud por una forma más estable de gobierno, la que se dejó ver durante gran parte del período de los Jueces.

Parece al fin y al cabo que tres factores determinaron el estado de animo de los israelitas en estos momentos: la presencia de una guarnición de filisteos en Gabaa, el rumor de las amenazas del rey de Amón, y el descontento motivado por la mala administración de los hijos del Juez, como gobernadores. Estos argumentos parecían más que suficientes para justificar un cambio fundamental en la constitución del Estado. Presentó pues al pueblo una solicitud a Samuel pidiendo unánimemente, un rey, siendo elegido Saúl (1 Samuel 8:19-20).

Los sucesos del reinado de Saúl están tan entretejidos con sus tratos con Samuel y David que convendría bosquejar su reinado como sigue: 1. Su elección; 2. Sus campañas; 3. Su persecución de David; 4. Su Muerte.

1. Lugares relacionados con su Elección (1 Samuel 9:12):

Ramá, llamada Ramataim-de-sofim, para distinguirla de otras poblaciones de la misma designación, ha sido identificada con Ramá de Benjamin, lugar de nacimiento de Samuel, de su residencia y sepultura. (1 Samuel 1:1).

Mizpa, de ubicación desconocida, probablemente se refiere a una población de este nombre al N. de Jerusalén, donde Saúl fue presentado al pueblo como rey.

Gabaa, media distante entre Jerusalén y Ramá, fue punto de residencia de Saúl S sirvió de capital política de su reino.

Gilgal, en el Valle del Jordán, donde fue reconocido por el pueblo después de haber dado prueba de su capacidad militar con la derrota de Amón, en Jabes-galaad.

Los lugares que se mencionan en las Escrituras en conexión con el extravío de los asnos del padre de Saúl, son:

Salisa y Saalim, situadas en la tierra montañosa de Efraín; y,

Suf, comarca adyacente al suelo benjaminita, por el lado S.

2. Campañas.

Clasificadas como sigue, pero no en orden cronológico: a.-Las Campañas Internas; y, b.-Las Campañas Externas

a. *Campañas Internas.*

   i. *La Primera Filistea.* Esta tuvo su origen en la infiltración de los filisteos en la Cordillera Central y la resultante opresión de Israel. Jonatán dirigió la primera fase de la campaña atacando al enemigo en Geba, cerca de Gabaa, y luego, ocasionándole un gran revés en Micmas, lo obligó a retroceder a sus fronteras originales (1 Samuel 13 a 14).

   En esta campaña el espíritu voluntarioso de Saúl se puso de manifiesto en su temerario y atolodrado voto para matar al esforzado Jonatán, quien fue salvado de la muerte por la imperiosa intervención del pueblo.

   ii. *La Segunda Filistea.* En esta campaña se menciona por primera vez a David. Los filisteos acamparon en Efesdamin o Socó, en el borde del valle de Ela, y los israelitas se estacionaron al otro lado del mismo valle. Entre los dos bandos fue muerto Goliat. De inmediato los israelitas persiguieron al enemigo hasta las murallas de sus ciudades de Ecrón y Gat (1 Samuel 17-18).

b. Campañas Externas.

i. *La Amonita.* Los amonitas, tribu cruel y rapaz del desierto, no permitieron que Israel gozara de tranquilidad por mucho tiempo seguido. Bajo el mando de su rey Naás, invadieron la región Transjordánica y asediaron a Jabesgalaad. Frente a esta amenaza, Saúl, habiendo pasado revista a sus tropas en Bezec, en Palestina Central, se dirigió a Jabes donde derrotó en forma contundente a los invasores, hazaña que le mereció la gratitud del pueblo y su reconocimiento general como rey (1 Samuel 14:47).

ii. *La Moabita y la Edomita.* Es posible que estas campañas tuvieran lugar en conexión con la guerra amonita, originada en una alianza de Moab, Edom y Amón, contra Israel. Saúl hubiera perseguido a los derrotados amonitas devastando su territorio, infligiendo en seguida terrible castigo a Moab, y a Edom (1 Samuel 14:47).

iii. *La Amalecita.* Constantemente hacían los amalecitas sus incursiones en el territorio de Israel, circunstancia que mantenía a los israelitas en un continuo estado de alarma, pero el tiempo había llegado por fin para saldar cuentas con aquellos filibusteros e inveterados enemigos de Israel, y Saúl fue comisionado para destruirlos del todo. Reuniendo su ejercito en Telaim, entre Beerseba y el Mar Muerto, Saúl marchó a la tierra de Amalec. Tuvo un rotundo éxito en la empresa, destruyó su ciudad principal y asoló su territorio, pero perdonó a Agag, su rey, y a lo mejor del ganado, pues había resuelto ya por sí, ser un rey y gobernador como creyera conveniente sin la intervención de Samuel. En Gilgal, el profeta lo reprendió duramente por su conducta alevosa, al mismo tiempo comunicándole la noticia de su rechazo como rey teocrático. Desde aquel día, abandonado ya a sus propios recursos se ponía en evidencia su rápida decadencia espiritual (1 Samuel 14:48 y 15:1-35).

3. Lugares Relacionados con la Persecución de David
(1 Samuel 19:28).

La enemistad de Saúl hizo de David un proscrito, quien por largos meses tenía que fugar de sitio en sitio, frente al creciente odio del rey, como se observa a continuación:

Gabaa o Gibea, constituía el cuartel general y capital del reino de Saúl. Aquí procuró con gran disimulo repetidas veces, asesinar a David, lo cual motivó su huida de Najot en la vecindad de:

Ramá, donde llegaron en varias ocasiones los mensajeros del rey para que aprehendiesen a David. Quedaron defraudadas sus esperanzas, pues se les escapó la presa, habiendo huido nuevamente el joven fugitivo a:

Gabaa, donde tuvo lugar su separación con Jonatán con las más tiernas demostraciones de afecto y fidelidad. El siguiente lugar de refugio fue:

Nob, ciudad de sacerdotes de la tribu benjamita. Aquí el Sumo Pontífice satisfizo los rigores del hambre de David, además de entregarle la espada de Goliat. Saúl, conocedor de lo ocurrido, acusólo de conspiración. Acto seguido, dio orden para que tanto los 85 clérigos que residían en aquel lugar como los habitantes de la población misma, fuesen pasados a cuchillo. Mientras tanto David se había marchado a:

Gat o Get, donde fue sorprendido con que los geteos le tomaran por elemento pernicioso, por lo que tuvo que valerse de una estratagema para poder escapar. Después de poco:

La Cueva de Adulán, de dudoso emplazamiento, situada según la tradición a 10 Kms. al S. de Belén, le sirvió de lugar de escondite, en donde se reunió una gran compañía de adeudados y descontentos. Le acudieron en esta ocasión también sus padres, por quienes David buscó con tierna solicitud un lugar de refugio de las venganzas de Saúl. Luego en la tierra de Moab les encomendó al cuidado del rey, mientras que él mismo se quedó por un breve tiempo en la población moabita denominada:

Mizpa-de-Moab. Habiendo sido anunciado por Gad, el profeta, que saliera de Mizpa, David llevó su pequeño ejército al:

Bosque de Haret, en el vecindario de Hebrón, donde recibió las noticias del bárbaro ultraje de la masacre de los sacerdotes de Nob. A poco de llegarse a este lugar llevó a sus hombres en dirección a:

Keila, en las alturas NO. de Hebrón, para defender la población contra los filisteos, pero llegando a saber que la gente mal agradecida que acababa de salvar, le iba a traicionar, se apresuró a salir para:

Zif, donde nuevamente estaba en peligro de ser traicionado, esta vez por los zifeos. Se hallaba este pueblo al S. de Hebrón.

Maón, constituyo su siguiente lugar de refugio, situado a 11 Kms. al S. de Hebrón. Aquí Saúl fue impedido de tomar a David, debido a la aparición de los filisteos en las inmediaciones de la población que demandaban su presencia. De inmediato, se guarneció el futuro rey de Israel en la región rocosa llamada:

Engadi, al occidente del Mar Muerto. Sabedor de su escondite, Saúl tomó 300 hombres y lo persiguió. Mientras Saúl dormía en una de las cuevas que abundan allí, David, con gran magnanimidad de carácter le cortó la orilla de su manto, cuando su vida estaba en sus manos.

Al fin, dándose cuenta que era imposible encontrar un lugar de seguridad en su terruño, optó por buscar refugio en Filistea, en la ciudad de Gat, cuyo rey en esta ocasión le recibió cortésmente, regalándole la población llamada:

Siclag, a 16 Kms. al SE. de Gaza. Aquí residió durante los últimos años del reinado de Saúl. Pasado un breve tiempo los filisteos se reunieron una vez más para hacer la guerra contra Israel. Aquis, el rey filisteo, quiso llevar a David y a su gente como parte de sus fuerzas, lo cual colocó a este en un gran dilema de pelear contra Israel, o volverse traidor contra su benefactor. Pero se salvó del difícil trance en que se hallaba, pues en Afec, los soldados filisteos se opusieron tenazmente a que David participase en la empresa.

A su regreso halló a Siclag en ruinas y a su familia llevada cautiva. Con bizarro valor persiguió a los bandoleros amalecitas, autores del latrocinio, logrando recobrar todo lo suyo, además de mucho despojo. A la muerte de Saúl, David se radicó en:

Hebrón, donde le hicieron rey de Judá Después de algunos años, llegó a ser rey de todo Israel.

4. Muerte (1 Samuel 31).

Antes de librar su último combate, sus soldados se emplazaron junto a la fuente de Jezreel, manantial perenne que fluye de la base de Gilboa, y los filisteos se apostaron en Sunem, no muy lejos de Gilboa. En Endor, sita en el ramal NE. del Pequeño Hermón, el desdichado Saúl consultó con una bruja en vísperas de la batalla, y al día siguiente pereció ignominiosamente en la refriega, lo que dio origen a la preciosa elegía que compuso David (2 Samuel 1:17-27).

Durante el reinado de Saúl fueron arrojados definitivamente los amalecitas y los amonitas de los términos de Israel. Por otro lado, a su muerte, el poder filisteo llegó a su apogeo, pues este pueblo se hallaba en posesión en ese tiempo de la Llanura Marítima, Esdraelón, gran parte del Valle del Jordán, además de sus infiltraciones en la Cordillera Central. Con todo, justo es decirlo, el referido reinado constituyó la salvación política de la nación.

II. Imperio de David (2 Samuel 5:24)

David se destaco entre los reyes de Israel tanto por su nobleza de carácter como por la envergadura de su obra política. Comprendiendo que la grandeza de su país dependía de su unificación, emprendió primero la tarea de inspirar confianza a los israelitas, para luego sojuzgar a las tribus cananeas, que bajo los Jueces y el reinado de Saúl, habían procurado con tanta insistencia sacudir el yugo de Israel. Realizada esta parte de su programa, dirigió luego su atención a la conquista de las tribus vecinas y su organización en el Imperio de Israel, el cual a su muerte abarcaba un territorio mucho más vasto del que recibió cuando ascendió al poder.

Su obra.

1. La Unificación del País; y, 2. La Sojuzgación de las Tribus Vecinas.

Mar Mediterráneo

Río Éufrates

Tifsa

Hamat

Tadmor

FENICIOS

Sidón

Damasco

Tiro

Dan

Aco

Hazor

Dor

Meguido

Ramot de Galaad

Siquem

Jope

Gezer

Bet-el

Rabá

Asdod

FILISTEOS

Jerusalén

Medeba

Gaza

Hebrón

MOAB

Beerseba

EDOM

Cades-barnea

Selá

Los reinos de Saúl, David y Salomón

Elat

Ezión-geber

Mar Rojo

1. Unificación del País.

David reinó 7 años sobre Judá, desde su capital Hebrón, mas a la muerte de Abner, y el inepto Isboset, fue elegido rey de todo Israel. En seguida se empeñó en unificar el reino lo cual se verificó de la manera siguiente (2 Samuel 1:5-12).

   a. *Puso sitio a Jebús,* fortaleza que retenían los jebuseos y que para ellos era tenida por inexpugnable David la capturó, convirtiéndola tanto en asiento de unidad política, como en foco de unidad religiosa, pues trasladó a sus recintos el Arca de la Alianza (2 Samuel 5:6-9).

   b. *Destruyó el Poder Filisteo* en dos batallas que se libraron en el valle de Rafaim, al SO. de Jerusalén. Acto seguido marchó a la Séfala, tomó Gat y desorganizó la confederación filistea a tal punto que puso fin a la guerra entre los dos pueblos. Realizado este propósito volvió su atención a la conquista de las tribus vecinas (2 Samuel 5:17-25).

2. Sojuzgación de las Tribus Vecinas.

   a. *Moab.* Según el historiador Josefo, esta guerra tuvo su origen en la matanza de los padres de David, por el rey de Moab (2 Samuel 8:2).

   b. *Soba y Damasco.* Soba era uno de los reinos siros circunscritos entre Damasco y el Éufrates. Los damascenos hicieron una alianza con los guerreros de Soba para oponerse a David, quien los derrotó en batalla, obteniendo un rico botín de muchos escudos de oro y gran cantidad de bronce (2 Samuel 8:12-13).

   c. *Edom.* La campaña contra Edom se produjo cerca de Petra su capital (2 Samuel 8:14).

   d. *Amón.* Los amonitas se habían aliado con los pequeños reinos siros no sojuzgados por David en sus campañas anteriores, es decir, Zoba, Rehob, Istob, y Maaca al N. y E. del país. Tres grandes batallas se libraron en Medeba al NE. del

Mar Muerto, en Helam, de ubicación desconocida y en Rabá, capital amonita que estaba situada al S. del Jaboc y a 37 Kms. al E. del Jordán (2 Samuel 10).

De todas estas guerras que sostuvo David con sus vecinos enemigos, inspirado por su celo en pro de la seguridad de Israel ante la agresión extranjera así como por la conservación de su culto para contrarrestar la infiltración insidiosa del paganismo de los pueblos circunvecinos, salió victorioso, dando por resultado que el imperio que legó a Salomón era el más grande de aquella época, extendiéndose desde el lindero meridional entre Israel y Egipto, hasta el curso superior del Éufrates, al NE.

Las naciones del Oriente de aquel entonces se dividieron en pequeñas entidades. Asiria no había alcanzado a resurgir, y Egipto estaba en plena decadencia.

III. Imperio de Salomón (1 Reyes 2-11).

Considerando: 1. Su Grandeza; 2. Su Obras Públicas; 3-Su Carácter; y, 4. Su Desintegración.

1. Grandeza.

Ningún rey de Israel dio principio a su reinado con mayores ventajas que Salomón, pues el reino estaba en el apogeo de su:

a. *Extensión Territorial,* habiendo conquistado David todo el territorio que Dios en un principio había prometido a Abraham.

b. *Prosperidad Material y Prestigio Militar.* Todas las riquezas que había acumulado David, junto con las que pudo reunir Salomón, le permitieron mantener una corte de esplendor y magnificencia. Retuvo en su gabinete a los sabios y aguerridos jefes que ayudaron a David en la expansión y consolidación del Imperio (1 Reyes 10:27).

c. *Prosperidad Moral y Religiosa.* El traslado del Arca de la Alianza a Jerusalén y las reformas llevadas a cabo por David, avivaron grandemente el espíritu y vida religiosa del pueblo, unido todo esto a una paz y tranquilidad que reinaba en todo el país, en un pueblo vinculado por los lazos de verdadero afecto al joven rey. Se dio comienzo a su reinado con una grandeza, fama y renombre, que no se igualaron Jamás en los reinados subsiguientes.

2. Obras Públicas

Pese a no haber ampliado las conquistas davídicas, Salomón se dedico a fomentar el desarrollo económico y cultural de su imperio. Llevo a cabo el propósito de David erigiendo un suntuoso templo en el monte Moría. Edificó también los muros de Jerusalén; las ciudades fuertes de Meguido, al S. de Esdraelón y Asor, cerca del lago Merom. Reedificó a Gezer, en la línea fronteriza efratea e hizo fortificaciones en las ciudades de Betorón, en Hamat y Tadmor (estas dos últimas al N. y NE. de Damasco, respectivamente) y en Baalat ciudad-almacén, cerca de Gezer (1 Reyes 9:17-19).

3. Carácter.

Su reino de 40 años fue pacífico, con excepción de la guerra que hizo contra Hadad, el Idumeo, y algunos disturbios fomentados por Rezón de Siria y Jeroboam, uno de los capataces de la obra de construcción de la Torre de Milo, la fortaleza que sirvió de defensa al templo. Más tarde Jeroboam quitó 10 tribus de la «Casa de David», para fundar con ellas el Reino del Norte (1 Reyes 11:11-36).

4. Desintegración,

Las gabelas implantadas por Salomón habían sido muy pesadas. El pueblo de Israel, gustosamente había pagado para la construcción de la «Casa de Dios» y para un palacio digno del rey, pero la continuación de los onerosos impuestos para la realización de los ambiciosos planes del rey, no tardo en sembrar el descontento por todas partes. El pueblo exigió a Roboam hijo de Salomón, que aliviara un tanto la pesada carga que le había impuesto este, pero al no prestar atención a este reclamo, se produjo una sublevación. Todas las tribus, menos la de Judá y una parte de Benjamín, desconocieron la autoridad de Roboam y eligieron rey a Jeroboam. Así se produjo la división definitiva del pueblo de Israel y la formación de los Dos Reinos de Judá e Israel. Al producirse este desacuerdo, los siros aprovecharon la oportunidad para librarse del yugo de Israel y formar un reino independiente y fuerte en el

N. El Reino de Moab, sin embargo, seguía siendo tributario por un tiempo todavía de Israel, y Edom era satélite de Judá. Las divisiones políticas a últimos del año 975 a.C. eran las siguientes:

a. **El Reino de Siria,** fue en un comienzo aquella porción del Imperio de Salomón al N. del Monte Hermón. Su capital era Damasco. Bajo Hazael llegó a ser la nación más importante de Asia Occidental, pero después de un corto período de prosperidad, cayó bajo el poder de Asiria.

b. **El Reino de Israel,** formado por las Diez tribus y media ocupaban todo el territorio al E. del Jordán y todo Canaán al N. de Jericó, Betel y Gezer. Su capital al principio fue Siquem, sustituyéndola Tirsa, hasta que Omri construyera Samaria, que así vino a ser la capital permanente (1 Reyes 15:21 y 2 Reyes 15:14).

c. **Sus Centros Religiosos.** La ley de Moisés exigía que los varones hebreos fueran periódicamente a Jerusalén para participar en las festividades religiosas anuales. Jeroboam, temiendo que estas peregrinaciones tuvieran como resultado el retorno de su fidelidad a Roboam, resolvió impedirlas, inventando un nuevo orden de culto. Hizo pues dos becerros de oro para representar a Jehová, erigiendo un santuario para un becerro en Dan, en el extremo N. del reino y otro en Betel, en el extremo S. (1 Reyes 12:26-30) .

d. **El Reino de Judá,** que abarcaba la tribu de este nombre y una porción de la tribu de Benjamin, se extendía al S. de Jericó. Betel y Gezer, pero su frontera septentrional se modificaba con frecuencia según las vicisitudes de la guerra. Su capital y centro religioso fue siempre Jerusalén (1 Reyes 12:18-19)

e. *El Reino de Moab,* estuvo sujeto nominalmente a Israel, pero tenía su propio gobierno y solo pagaba tributo a Israel cuando sus reyes eran lo suficientemente fuertes para imponerse (2 Reyes 1:1).

f. *El Reino de Edom,* había sido dominado por David y fue tributario de Judá hasta el reinado de Joram, tiempo en que se independizó por completo (2 Reyes 8:20-22).

CAPÍTULO 12

Los reinos de Judá e Israel

Creemos necesario dar a continuación una brevísima reseña histórica de los Dos Reinos, desde el período de la División, hasta la caída de Judá. Dicha época se presta para ser dividida convenientemente en los siguientes períodos:

1. La Desintegración del Reino de David (975-884 a.C)
2. El Período Sirio (884-839 a.C.)
3. La Restauración de Israel (839-772 a.C.)
4. La Caída de Israel (772-721 a.C.)
5. La Caída de Judá (721-586 a.C.)

1. Período de Desintegración:

El período de la Desintegración se caracterizaba principalmente por la lucha entre los tres reinos de Siria, Israel y Judá, para la supremacía, y abarcaba los reinados de Jeroboam a Jehú en Israel, y de Roboam hasta Joás, en Judá. Durante la primera parte de este período, Judá e Israel estaban constantemente en conflicto, pero el creciente poderío de Siria, obligó a estos pueblos rivales a hacerse aliados contra el enemigo común.

Los Acontecimientos Principales:

a. *La Ascensión al trono de Jeroboam,* produciendo el fraccionamiento del reino de Salomón (1 Reyes 12:20).

b. *La Invasión de Judá por Sisac,* rey de Egipto, y la pérdida de todos los tesoros del Templo (2 Crónicas 12:1-9).

c. *Las Guerras de Jeroboam contra Judá,* que terminaron con la derrota de Israel en la batalla de Samaraim, cerca de Betel (2 Crónicas 13).

d. *La Invasión de Judá,* por Zera el Etíope y la victoria de Asa, en Maresa, al S de Judá (2 Crónicas 14:8-15).

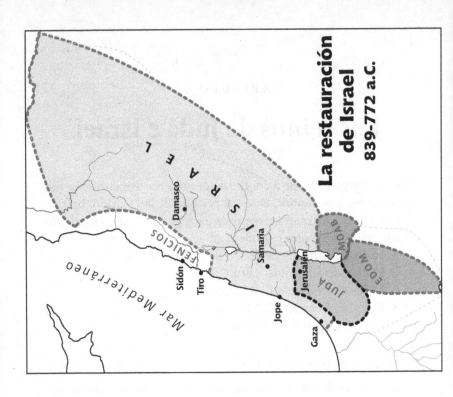

La restauración de Israel
839-772 a.C.

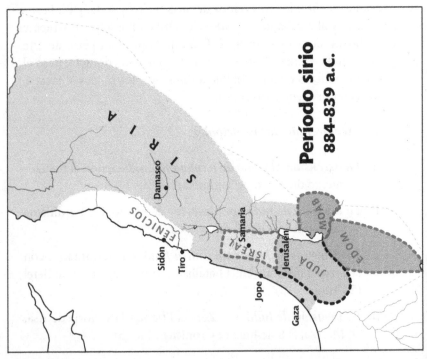

Período sirio
884-839 a.C.

e. **Las Guerras entre Siria e Israel,** en las cuales Israel resultó victorioso en Afec, al E del Mar de Galilea, pero sufrió una derrota en Ramot-galaad (1 Reyes 20 a 22).

f. **La Invasión de Judá** por las fuerzas aliadas de Amón, Moab y Edom y la consecuente destrucción de éstas en el valle de Beraca, a unos kilómetros al S. de Jerusalén (2 Crónicas 20).

g. **La Guerra de los Reyes Aliados de Judá, Israel y Edom** contra Moab, y la derrota de ésta en Kir-haraset, medio distante entre los ríos Arnón y Zared (2 Reyes 3).

h. **La Rebelión de Edom** contra Judá en la cual Joram venció a los Idumeos en la batalla de Zair, lugar de localización desconocida, es probablemente sinónimo de Petra o Sela. Esta victoria sin embargo fue puramente militar, pues desde entonces Edom dejó definitivamente de pagar tributo a Judá (2 Reyes 8:16-22).

2. Período Sirio.

Este período comenzó con tres revoluciones en el mismo año, es decir, en Damasco, Samaria y Jerusalén, en las cuales Hazael se apoderó del trono de Siria, Jehú de Israel, y Atalia, la reina madre de Judá.

Poco después de haber iniciado su reinado, Hazael puso su atención en sus vecinos del S. con miras de conquista. Logró sojuzgar a las tribus Transjordánicas y luego redujo a vasallaje a Israel tomó Gat, y solo la entrega de un fuerte tributo le impidió poner sitio a Jerusalén (2 Reyes 12:17-18 y 2 Crónicas 24:23-24).

Los Acontecimientos Principales:

a. **La Ascensión de Hazael** al trono de Siria, de Jehú en Israel y Atalia en Judá (2 Reyes 8:7-15).

b. **La Destrucción del Culto de Baal en Israel** (2 Reyes 10:1-31).

c. **Las Conquistas Transjordánicas** (2 Reyes 10:32-35).

d. *La Muerte de Atalia* (2 Reyes 11).

e. *Las Reparaciones del Templo por Joás* (2 Reyes 12).

f. *Las Profecías de Jonás y Joel.*

g. *La Subyugación de Israel por Hazael* (2 Reyes 13:3).

h. *La Campaña de Hazael contra Judá y la captura de Gat* (2 Reyes 12:17-18).

i. *La Muerte de Hazael,* en 840 a.C.

3. Restauración de Israel.

Al iniciarse esta época, Amasías, rey de Judá, después de derrotar a Edom en batalla, entró temerariamente en guerra con Israel, en la cual sufrió un fracaso humillante en Betsemes. De inmediato, el ejército de las «Diez Tribus» entró por primera vez en Jerusalén, cuyo rey insensato solo consiguió su rescate mediante la entrega de tesoros y rehenes.

A pesar del brillo del reinado de Hazael, la incapacidad de sus sucesores pronto dio por resultado la pérdida total de su hegemonía sobre los estados vecinos. Bajo los reinados de los reyes capaces, Joás y Joroboam II, de Israel, el Reino del Norte había llegado al zenit de su poder y extensión territorial, habiendo logrado:

a. Recobrar todo su territorio perdido.

b. Conquistar gran parte de Siria.

c. Reducir a estado tributario a Judá, Israel y Siria.

Este período de prosperidad nacional, sin embargo, fue efímero (2 Reyes 14:12-14).

4. Caída de Israel.

Muerto Joroboam II, una serie de usurpadores se apoderó del trono, permitiendo que todas las conquistas de Israel se esfumaran en medio de la anarquía reinante. Siria había caído ante el avance de los poderosos Asirios, e Israel era impotente de ofrecerles una resistencia eficaz.

Los Acontecimientos Principales

a. La Caída de Siria, seguida por:

b. La Cautividad de Israel. Por el año 842 a.C. Jehú, amedrentado por los triunfos de Salmanasar II, le envió tributo, pero no fue hasta el reinado de Tiglatfalasar II (745-727 a.C.) que se dio comienzo a la expatriación de Israel por Asiria. Este rey impuso tributo a Manahem. Más tarde, Rezín rey de Siria, y Peka, rey de Israel se aliaron para capturar Jerusalén. Acaz, rey de Judá, atemorizado ante tal alianza imploró la ayuda del rey de Asiria. En respuesta a su súplica, este se dirigió a Canaán Castigó las ciudades filisteas por su participación en las hostilidades contra Judá, tomó Damasco después de sitiada, Galaad, Galilea, Sarón, y expatriaron a sus habitantes a Asiria (2 Reyes 15:19-29 y 1 Crónicas 5:26).

Salmanasar, sucesor de Tiglatfalasar, reafirmó el dominio asirio sobre Israel. Asoló su territorio y puso sitio a Samaria, la cual fue tomada por Sargón II en el año de su ascensión al trono. En seguida gran parte de las tribus restantes fue transportada a Hala, provincia de Mesopotamia, y a Habor, comarca de Asiria al E. del Éufrates, poniéndose así fin a la historia del reino de Israel (2 Reyes 17:1-16).

5. Caída de Judá.

El reino de Judá se hallaba en estado tributario de los asirios durante gran parte de los 135 años que sobrepasó al Cautiverio de Israel. Hacia fines de esta época los caldeos se apoderaron del Imperio de los Asirios, que en adelante se conoce como el Imperio de Babilonia (2 Crónicas 32 a 36).

Los Acontecimientos Principales

a. Las Reformas Religiosas, llevadas a efecto por Ezequías:
   i. La Purificación del Templo.
   ii. La Restauración del culto a Jehová.
   iii. La Observancia de la Pascua.

iv. La Reformación del pueblo (2 Crónicas 29 a 31).

b. *La Liberación de Jerusalén* de los asirios mediante una destrucción sobrenatural de su ejército (2 Crónicas 32:1-21).

c. *La Expatriación del impío Manasés,* su restauración al trono como rey tributario, y su subsecuente abolición de prácticas idólatras (2 Crónicas 33).

d. *Las Tentativas de Reforma del rey Josías,* y su muerte en la batalla de Meguido (2 Crónicas 34 a 35).

e. *El Ascenso al Poder de Babilonia* y el Cautiverio de Judá. En el reinado de Joaquín por el año 605 a.C. Nabucodonosor invadió a Judá y la redujo al estado de vasallaje, al mismo tiempo conduciendo algunos personajes distinguidos, inclusive a Daniel, al destierro. Aquella fecha señalaba el comienzo de los 70 años del Cautiverio. Siete años más tarde fueron expatriados el rey Joaquín y la flor del pueblo por el invasor (2 Reyes 24:8-16).

Diez años después del exilio de Joaquín, el pérfido Sedecías se rebeló contra el rey caldeo despreciando los sabios consejos de Jeremías, de someterse al agresor extranjero y no fiarse de la ayuda ineficaz de Egipto. En represalia, Nabucodonosor destruyó Jerusalén, quemó el templo y llevó la mayor parte de sus habitantes a Mesopotamia. Así terminó la existencia de la nación como estado judío, desastre que señaló no solamente el fin de una larga época histórica sino que marcó etapa en los anales de la historia judía (2 Crónicas 36:2-21).

Sede principal de la vida nacional del pueblo hebreo

Palestina ocupaba un lugar central entre las naciones florecientes del tiempo del Antiguo Testamento. El Imperio de David constituía el más grande del mundo en su época. Pero al mismo tiempo es digno de notarse, que si se omite el período que abarca los reinados de David y Salomón, el asiento de la vida nacional de los israelitas era con pocos intervalos, co-extensivo mayormente con la Cordillera Central, mientras que las llanuras amenas estaban en manos de tribus cananeas.

Las promesas de Dios hechasa Israel nos dan a entender en la forma más clara de como un pueblo consciente de su cometido divino, hubiera podido ocupar en forma permanente todo el territorio incluido en el antes mencionado imperio, lo cual correspondía más o menos a la extensión de tierra prometida en un principio a Abraham. Sin embargo, que el pueblo hebreo estuviese limitado a una pequeña parte de la Tierra de Promisión, lejos de ser una desventaja, favorecía grandemente el cumplimiento de los planes de Dios, para la conservación de su pueblo a través de los siglos, como se puede apreciar por los datos que siguen:

Factores defensivos de la situación geográfica de Israel

El gran mérito de la aludida situación geográfica fue que obligaba a sus enemigos locales a constituir voluntariamente su primera línea de defensa contra la agresión de las grandes potencias de la época

1. *Su Flanco Meridional,* fue protegido contra la amenaza egipcia por los aguerridos filisteos, que, a pesar de su inveterada animosidad contra Israel, se vieron en la necesidad de defender sus accesos desde el S. a fin de mantener su propia integridad territorial

2. *Su Flanco Oriental,* se halló defendido por largo tiempo por las tribus de Galaad y Basán, las cuales tuvieron que afrontar las acometidas de los beduinos del desierto al E., siendo aquellas las que sufrieron con la aproximación hostil de las huestes extranjeras que invadieron el país. Moab también protegía a Israel de cierto modo, pues detenía los ataques de las hordas del desierto al SE. mientras que:

3. *Su Flanco Septentrional* estaba protegido por los fenicios y sirios, quienes arrostraron por largo tiempo el avance de los asirios, protegiendo a Israel de la destrucción. solo fue

cuando cayó Damasco y se produjo como resultante la desorganización de las ciudades arameas, que Samaria sucumbió ante el invasor.

Se ve pues que a pesar de todo, el lugar donde la obra de la redención fue consumada, fue escogido con sabiduría divina y respondía a los designios del Eterno de conservar la nacionalidad de los hebreos, de fomentar su independencia y creencia en el Único y Verdadero Dios, a través de los siglos de su historia como nación.

CAPÍTULO 13

Jerusalén antigua

Ninguna ciudad bíblica puede compararse con Jerusalén, ya por su figuración histórica, ya por su importancia simbólica en la poesía y vida espiritual del pueblo escogido. Durante la era cristiana alcanzó su mayor desarrollo desde el punto de vista de población, magnificencia y prestigio.

I. Situación

Está situada a 31° 46' 45" de latitud N. y 35° 13' 25" de longitud E. de Greenwich, en una meseta inclinada y descendente de O. a E. en la cresta del macizo de Judá en una de sus elevaciones mas pronunciadas, hallándose a 810 mt. sobre el nivel del Mediterráneo. En semejante situación aislada, sin mar ni río para hacerla ilustre, ha gozado de mayor renombre a través de los años que muchos de los grandes emporios de comercio. Dista del Mediterráneo 50 Kms.; del Mar Muerto 29 Kms.; de Hebrón 32 Kms.; y de Samaria cosa de 58 Kms.

II. Nombres

Ha tenido diversos nombres en el transcurso de los años, a saber:

1. Urusalín,

quizá el nombre más antiguo, se le aplicaba en los tiempos antes de la Conquista como consta en las cartas del Tel-el-Amarna, en Egipto.

2. Salem,

del tiempo de Melquisedec, fue probablemente una abreviación de Urusalín aunque esto está sujeto a comprobación.

3. Jebús,

fue su nombre cuando constituía la capital y plaza fuerte de los jebuseos.

4. Jerusalén,

mencionado en el tiempo de la Conquista, vino a ser su nombre permanente cuando David estableció allí su capital (Josué 15:8)

5. La Ciudad Santa,

es otro nombre que se ha aplicado a Jerusalén quizá después de llegar a ser el lugar permanente del Arca de la Alianza (Nehemías 11:1).

6. Elia Capitalina,

nombre dado a la nueva Jerusalén construida por Adriano, emperador romano, después de la destrucción de la antigua ciudad por Tito.

7. El Kuds,

es su nombre moderno entre los árabes, que quiere decir: «Ciudad Santa».

III. Topografía de la Comarca

1. Valles.

Tres son los valles principales que se unen en el lado SE. de la ciudad.

a. *Cedrón,* o valle de Josafat, entre el Monte de los Olivos y el Monte Moría, al E. de la ciudad, está bañado por el torrente Cedrón, cuyo cauce se halla seco durante gran parte del año.

b. *Tiropeón,* desprende del valle de Cedrón al S del Monte Moría y se extiende en dirección NO.

c. **c. *Hinom.*** Esta cañada profunda constituye el antiguo límite occidental y meridional de la ciudad. Se une con el valle de Cedrón cerca del punto de concurso con el Tiropeón. Su extremidad SE. se llama Tofet, y Gehenna donde Salomón erigía lugares altos a Moloc, y donde Acaz y Manasés, hicieron pasar a sus hijos por el fuego (Josué 15:8).

2. Montes.

La antigua Jerusalén fue edificada sobre cuatro montes, todos los cuales estaban comprendidos dentro de sus muros, en los tiempos Neo-testamentarios, a saber:

a. ***Sion,*** era el más alto de los cuatro, alzándose en la región SO. entre los valles de Tiropeón al E. y N. e Hinom al S. y 0. Esta eminencia constituyó la antigua fortaleza de Jebús (Alt. 747 mts.)

b. ***Acra.*** Está situado ligeramente al N. y E. de Sion y rodeado por los dos brazos del valle de Tiropeón por los lados SE. y NE. (Alt. 747 mts.)

c. ***Moría,*** se erige entre los valles Cedrón al E. y Tiropeón al 0. (Alt. 740 mts.)

d. ***Beseta,*** se yergue un poco al 0. del N. de Monte Moría y separado de este por una pequeña depresión. Con el crecimiento de la ciudad llegó a incluirse dentro de los muros, en el tiempo del Nuevo Testamento (Alt. 750 mts.)

El monte de los Olivos propiamente hablando es una pequeña cadena de cerros, que tiene cuatro picachos y dos ramales laterales que corren de N. a S. en el lado oriental de Jerusalén y separada de ésta por el valle de Cedrón. Se ha identificado el ramal septentrional con Scopus, la eminencia desde donde Tito al mando de las fuerzas romanas vio por primera vez a Jerusalén, y el otro, era conocido como el Monte del Mal Consejo al S. del valle de Hinom, donde se cree que Judas negociaba con los Sacerdotes para vender al Salvador. En su vertiente se hallaba la tradicional «Acéldama» (Mateo 27:7-8).

De los cuatro picachos, el más septentrional se llama:

i. *Galilea.* Señalado por la tradición como el monte donde los ángeles aparecieron a los discípulos después de la ascensión de Cristo (Alt. 815 mts.)

ii. *Ascensión,* constituyendo este el verdadero monte de los Olivos, de donde se supone que nuestro Salvador ascendió al cielo (Alt. 893 mts.) Los restantes son:

iii. *El monte de los Profetas,* designado así por una antigua narración que algunos profetas fueron enterrados en su declive, cerca del Cedrón.

iv. *El Monte de la Ofensa,* por haberlo contaminado Salomón con sus abominables cultos a dioses paganos.

De los olivos que antiguamente cubrían el monte de los Olivos, dando lugar a su nombre, solo quedan en la actualidad unos troncos macizos, nudosos y derruidos.

3. Vías de Comunicación.

Hay seis caminos que convergen en Jerusalén de diferentes partes del país. En cuanto a los lugares bíblicos que se divisan de los caminos, solo se dan las anotaciones geográficas de los que se mencionan por vez primera

a. **El Camino del Norte,** comienza en la Puerta del Damasco y sigue por la Cordillera Central, vía Siquem, hasta Damasco. Pasa por Scopus, Nob, Gabaa, Anatot, Micmas, Hai y Beerot; esta última que se halla en una eminencia a 16 Kms. al N. de Jerusalén fue el lugar que los relatos indican, donde los padres de Jesús le echaron de menos, según la referencia en Lucas 2:43-45. Luego a una distancia de 18 Kms. al N. de Jerusalén, se podía ver a Betel, lugar de muchas reminiscencias bíblicas que ya está en ruinas. Al lado E. de dicho lugar se advierte la Peña de Rimón, donde se refugiaron los benjamitas después de la guerra civil; y finalmente Ofra o Efraín, que constituyó el lugar de retiro del Salvador, después de la resurrección de Lázaro.

b. **El Camino del Oriente,** que baja precipitadamente a Jericó y atraviesa una región árida, erizada de rocas, salpicada de estrechos desfiladeros y totalmente desierta, se presta admirablemente para los palenques de las pandillas de merodeadores que han infestado aquella comarca desde los tiempos más remotos (Lucas 10:30).

El único lugar de importancia por el que pasa el camino, es Betania, en la vertiente oriental del monte de las Olivas.

c. *El Camino del Sur,* sigue la cresta de la cordillera en dirección a Hebrón. Se divisa de este camino la llanura de Rafaim, la Tumba de Raquel, Belén y la cabecera del Valle de Ela, y Hebrón.

d. *El Camino del Sud-Oeste,* es aquel que «desciende de Jerusalén a Gaza, el cual es desierto». Va serpenteando de la región montañosa a la Séfela, y de allí por vía de la Llanura Marítima, a Gaza. No pasa por ningún lugar de interés bíblico.

e. *El Camino del Oeste,* desciende de los montes interiores al mar hasta Jope. A 61/2 Kms. de Jerusalén corre por Emaús, y a 13 Kms. distante de dicha ciudad se divisa del camino la población de Kiriat-jearim.

f. *El Camino del Nor-Oeste,* se bifurca del camino del Norte, un poco más al N. de Gabaa y va bajando por los declives de los montes al mar, cerca de Jope.

Entre los lugares que se ven del camino, figuran Mizpa, Gabaón y Betorón.

IV. Defensas Artificiales

De los muros de Jerusalén el de más antigüedad, construido por David y Salomón, seguía la ceja del monte SO. de la ciudad, o sea Sion, desde la puerta de Jaffa, hasta la parte O. del Templo. En el tiempo de los reyes se prolongaba hasta el estanque de Siloé.

La dirección precisa del segundo muro construido por Jotam, Ezequías y Manasés, constituye uno de los problemas de la topografía de Jerusalén. Se extendía desde la extremidad NO. de Sion, en la torre de Hippico, en línea curva, hasta la torre de Antonia, encerrando Acra y una parte de Bezeta, uniéndose al fin con el antiguo muro oriental. Fue destruido por Nabucodonosor, siendo reedificado más tarde por Nehemías.

El tercer muro, comenzado en el tiempo de Herodes Agripa y terminado poco antes del sitio de Roma, partía de la puerta de Jaffa, en dirección N. hasta un punto un poco al SO. de la torre de Pséfinos, pasando la cual daba la vuelta por las tumbas de los reyes para seguir en dirección S. al este de Bezeta. Se unía al extremo con el muro del Templo en las cercanías de Antonio. Este muro ha sido localizado ya con certeza por los arqueólogos.

V.   Breve Reseña Histórica (200 a.C.-70 d.C.)

A continuación se da un bosquejo histórico de Jerusalén durante el período que se extiende desde la época patriarcal, hasta su destrucción por Tito, en tres grandes eras, que son:

1. Desde el Período Patriarcal, hasta su Captura por David, tiempo en que los informes históricos que se tienen, son en extremo escasos.

2. Desde su Toma por David hasta el Cautiverio, época en que los judíos estaban en posesión de la ciudad sin responsabilidad para con otros gobiernos.

3. Desde el Cautiverio hasta su Destrucción por Tito, cuando era ciudad tributaria de algún poder extranjero, pero que gozaba al mismo tiempo de considerable medida de auto-gobierno.

1. Desde el Período Patriarcal hasta su Captura por David,

puede subdividirse:

a. Época *de Abraham.* Si «Salem», de Génesis 14:18 se refiere a Jerusalén, sigue por consecuencia que era un centro religioso y político muy antiguo, con Melquisedec como sacerdote (Hebreos 7:1). Una de sus eminencias, el monte Moría, fue teatro de la sublime prueba de fe, amor y obediencia, a la cual Dios sometió a Abraham (Génesis 22:2) .

a. Época *de Silencio,* puede llamarse la que mediaba desde el tiempo de Abraham hasta la toma de la ciudad por Josué, época de la que se carece de informes

b. Época *de la Conquista* Los israelitas encontraron a «Jebús» inexpugnable. Aunque la ciudad que rodeaba a Jebús fue quemada por Josué, la fortaleza misma no la pudo tomar, la cual resistió todas las tentativas de Israel de apoderarse de ella hasta el tiempo de David (2 Samuel 5:7).

c. Época *de David,* fue capturada por las fuerzas de David, merced a la proeza de Joab, quien penetró en el túnel que servía para conducir agua dentro de los límites de la fortaleza. A cierta distancia de la entrada dio con un túnel vertical de unos 12 m. de altura. Logró subir por este conducto y luego por un túnel oblicuo de unos 50 metros de largo, que conducía al centro de la fortaleza. Una vez dentro pudo desconcertar a los defensores y abrir las puertas a las fuerzas del rey que aguardaban fuera. Acto seguido fue constituida en capital del reino, denominándola la «Ciudad de David» (2 Samuel 5:7-9).

2. **Desde su Toma por David hasta el Cautiverio,** en las siguientes épocas:

a. Época *de Salomón.* Él la ensanchó hacia el N. y la hermoseó mediante la construcción de costosos edificios, inclusive el lujoso templo circundado por un muro que le dio la apariencia de una fortaleza.

b. Época *de la Revuelta.* Debido a la revuelta de las Diez Tribus y al establecimiento del Reino del Norte, Jerusalén dejó de ser capital de toda Palestina

c. Época *de Los Reinos Divididos y el Cautiverio de Judá.* Durante la época de los Reinos Divididos, Jerusalén era la capital de Judá. En los primeros años de la División fue tomada por Sisac, rey de Egipto, y poco después en el reinado de Joram, los filisteos y las tribus nómadas del desierto la saquearon regresando luego a sus respectivas comarcas llevándose ricos despojos. Más tarde debido a la influencia malévola de Atalía, la ciudad llegó a ser centro del culto de Baal, mas a la muerte de ésta, Joás introdujo varias reformas religiosas. Luego, en 838 a.C. Hazel, rey de Siria, derrotó a los de Judá y solo fue impedido de tomar la ciudad con la entrega de un magnífico regalo. En el reinado de Amasías sus muros fueron derribados y despojada la ciudad de sus tesoros por Israel. Fue vedado a los asirios tomar la capital en el reinado de Ezequías debido a una pestilencia que se declaro entre sus soldados. A la muerte de Josías en Meguido, Necao se enseñoreó de la capital, pero fue Nabucodonosor, quien efectuó su final destrucción. Cuando su vasallo Sedecías se rebeló contra él, este en represalia puso sitio a Jerusalén, logro hacer una brecha en sus defensas y luego la redujo a ruinas, llevando sus habitantes al destierro.

3. Desde el Regreso del Cautiverio hasta su Destrucción por Tito.

a. *Época de la Dominación Extranjera, Persa y Griega.*

Después de haber estado en ruinas unos 50 años, la ciudad fue ocupada nuevamente por los judíos, quienes fueron libertados de su penoso cautiverio por el edicto de Ciro en el año 535 a.C. Quedo sin muros hasta que Nehemías los construyera, después de lo cual pronto llegó a ser metrópoli y capital de la provincia de Judea, bajo el régimen persa.

Por el año 332 a.C. la ciudad se rindió a Alejandro Magno, el que se abstuvo de destruirla. Después de morir este, Jerusalén cayo en manos de uno de sus generales, Tolomeo Soter, que la tomó por asalto. Por el año 198 a.C. fue arrebatada de Tolomeo por los greco-sirios. La ascensión de Antíoco IV Epífanes al trono, en 175 a.C. aseguró el triunfo del partido helenizante. La persecución helénica de los judíos de Judea que amenazaba su total destrucción, provocó la revuelta encabezada por el sacerdote Matatías Asmoneo, que vivía en Modín, cerca de Lida, y con quien los judíos que se negaron a dejarse helenizar hicieron causa común. Su hijo, Judas, después llamado «Macabeo» que quiere decir «martillo» pudo tomar Jerusalén y restaurar el culto a Jehová en el templo.

b. Época de la Dominación Extranjera Romana. Los romanos tomaron Jerusalén en el año 63 a.C. y luego Herodes su vasallo hizo mucho para restaurar su antiguo esplendor mediante la construcción de costosos edificios, en los cuales se dejaba ver mucho talento arquitectónico, siendo su obra magna la reedificación del Templo.

Por otro lado, en su administración política se ponía de manifiesto su inescrupulosidad y crueldad. Los gobernadores satélites de Roma que le siguieron en el poder eran igualmente déspotas, hecho que provocó por parte de los judíos una serie de revueltas y alborotos sangrientos, finalizando en una insurrección general que tuvo como resultado el sitio de la ciudad por los romanos. Cuando al cabo de cinco meses lograron estos derrumbar sus muros, parece que las fuerzas del infierno se soltaron. La pluma se resiste a reproducir las espantosas atrocidades perpetradas en su recinto. Basta decir que un millón de judíos fueron acuchillados y un número casi igual tomados prisioneros y vendidos públicamente como esclavos, algunos de los cuales fueron obligados a laborar en las minas en todo el imperio, otros muchos, como trofeos del victorioso Tito, sirvieron de espectáculos en los circos y anfiteatros de Roma, para divertir a un público hastiado de cruentas escenas.

Jerusalén, por largo tiempo el centro religioso y símbolo de la unidad del pueblo judío estaba reducida en esa ocasión a la más completa destrucción, habiendo sido saqueada, quemada y arrasada, quedando, de la una vez orgullosa capital, solo tres torres y una parte del muro oeste.

CAPÍTULO 14

La restauración

La última etapa de la historia del Antiguo Testamento que comienza con el edicto de Ciro, el cual permitía el regreso de los cautivos judíos a Palestina, se conoce como el Período de la Restauración. En seguida se da una brevísima ojeada histórica de los acontecimientos principales de dicho período desde la vuelta del Cautiverio hasta el nacimiento de Cristo, que se puede clasificar:

1. La Supremacía Persa: Repatriación de los Judíos.
2. El Imperio de Alejandro Magno: Su Auge y Desintegración.
3. Los Reinos de Egipto y Siria: Los Macabeos.
4. La Dominación Romana: Los Asmoneos y Herodes.

1. Supremacía Persa: Repatriación de los judíos.

La larga noche del Cautiverio llegó a su término. Babilonia cayó en manos de Ciro, rey de Persia, quien por el año 536 a.C. publicó la proclama que se encuentra en Esdras 1:2-4. El primer grupo que dio respuesta a la invitación real fue encabezado por Sesbasar que puso los fundamentos de la casa de Dios, pero no pudo completar la obra por la oposición. Cuando Darío ascendió al trono, nombró a Zorobabel gobernador de Judea. El llevó un contingente de 50.000 expatriados a la provincia, y terminó la reconstrucción del Templo en el año 516 a.C. Más tarde en el reinado de Artajerjes I, dos grupos más desterrados se dirigieron a Jerusalén; el primero capitaneado por Esdras (458 a.C.), el cual se dedicó a la restauración del culto de Jehová; y el segundo por Nehemías (455 a.C.), que recibió nombramiento como gobernador de Judea con permiso para levantar los muros de Jerusalén, lo cual llevó a cabo pese a la recia oposición de los pueblos vecinos.

Obedecía este cambio en las fortunas de Judea, a la política de Ciro de permitir que los pueblos cautivos regresaran a su tierra natal, para reedificar sus templos, establecer el ritual y solicitar el favor de los dioses.

Los años del Destierro no habían transcurrido sin obrar notables cambios en la vida política y religiosa de los judíos. Entre los más destacados figuraban los siguientes:

El Abandono de la Idea Monárquica, como foco de unidad nacional, y la adopción de un gobierno teocrático que abarcara tanto a los judíos de Palestina como a los de la Dispersión.

El Rechazo Definitivo de la Idolatría y del Politeísmo. La Adopción del Aramaico, como dialecto popular.

El Establecimiento de Sinagogas, en todos los centros de población judía. Gracias a esta innovación, los judíos pudieron mantener viva su fe religiosa, a pesar de su alejamiento de la madre patria.

2. Imperio de Alejandro Magno: Su Auge y Desintegración.

A su regreso a la Palestina los judíos constituyeron una nación independiente de los persas, hasta el derrocamiento de estos por las invencibles falanges de Alejandro Magno, quien habiendo sometido a Grecia, atravesó el Helesponto y venció las tropas persas en el Granico en Misia, y en Iso, en los confines de Siria. Después de poco tiempo subyugó las ciudades fenicias, incorporó a Egipto y Palestina a su Imperio (332 a.C.) y luego, atravesando el Éufrates y el Tigris, venció totalmente a Dario en la gran batalla de Gaugamelia, cerca de Arbelia, lugar de Asiria. En seguida se adueñó de todos los dominios de Persia hasta la India. Alejandro trato con extraordinaria magnanimidad a los hebreos, exonerándolos de tributos durante los años sabáticos, además de concederles entera libertad de culto y gobierno. La muerte repentina del conquistador, los recelos y rivalidades entre sus generales, y que no había designado a su sucesor, precipito una situación caótica, de la que surgió como resultado final el fraccionamiento del vasto Imperio Macedónico en cuatro reinos, siendo Egipto y Siria los que estaban más estrechamente vinculados con la política de Palestina.

3. Reinos de Egipto y Siria: Los Macabeos.

a. *El Reino de los Tolomeos en Egipto,* con su capital en Alejandría. Tolomeo Filadelfus II se enseñoreó de Egipto, Cirene, Licia, Chipre y Palestina. Egipto y Palestina vinieron a formar las posesiones de Laomedón, hasta que Tolomeo se adueñó de ellas. Este cambio sin embargo, no trajo paz al país, puesto que en virtud de ser estado fronterizo entre Siria y Egipto, Palestina se constituyó en la manzana de la discordia entre dichas potencias rivales, cayendo ya en manos de la una o de la otra. Por fin, Tolomeo logró apoderarse definitivamente de ella incorporándola a sus dominios.

La condición de los judíos bajo los Tolomeos era tranquila y feliz, pues se les concedió el libre ejercicio de sus leyes y culto.

Muchos fijaron su residencia en Alejandría, ciudad que llego a ser y continuó siendo por mucho tiempo un importante asiento de población judía. El resultado más halagüeño de esta colonización fue la traducción del Antiguo Testamento del hebreo al griego, versión que se conoce hoy como la Septuaginta, o la de los Setenta, por ser la obra de setenta escribas.

b. *El Reino de los Seléucidas en Siria,* con su capital en Antioquía. Los dominios de Antíoco I (280-262 a.C.), excluyendo Asia Menor septentrional y Galacia, se extendieron desde Tracia en Europa hasta las fronteras de la India. En el año 198 a.C. Antíoco III arrebató a Palestina de los Tolomeos. Durante el tiempo que era dependencia de esta potencia, especialmente bajo el reinado de Antíoco IV, se persiguió la política de helenización con rigor. Por el año 167 a.C. por decreto real, la Ley fue declarada abolida, la guarda del sábado prohibida, el templo parcialmente destruido, y fueron celebrados en él servicios dedicados a Júpiter. Semejante política, sin embargo, militaba contra el fin que perseguía de efectuar la unidad de cultura en el territorio siro, y estuvo destinada a fracasar.

Los Macabeos La tiranía sacrílega de los siros que llego a ser intolerable para con los judíos piadosos, provocó una revuelta iniciada por el veterano sacerdote Matatías Asmoneo, que residía en Modín a 25 Kms al NO. de Jerusalén, el cual, con sus valientes hijos, se lanzó a la desesperada lucha contra las audacias de los opresores, para reconquistar el derecho de adorar a Dios conforme a la Ley de Moisés.

Muerto Matatías, Judas, el más aguerrido de sus hijos, encabezo el pequeño ejército de patriotas, y con su táctica de guerrilla pudo repeler a los adversarios en Betorón y Emaús. En el año 164 a.C. llevó sus fuerzas a Jerusalén. Logró dominar toda la ciudad, menos la ciudadela que quedó en manos del enemigo. Procedió en seguida a rehabilitar el templo y restaurar el ritual mosaico. Acto seguido envió expediciones punitivas contra los moabitas e idumeos, que se levantaron contra él, y otras en auxilio de los judíos en Galilea, trasladando a sus correligionarios de estos lugares a Jerusalén. Luego, habiéndose informado el rey siro de las actividades de un pretendiente al trono, hizo las paces con Judas y concedió al mismo tiempo libertad religiosa a los judíos. Pero lejos de estar contentos con esta concesión, por la cual se habían librado tan cruentas luchas, los caudillos macabeos prosiguieron la campana a fin de conseguir su independencia política, por lo que se vieron nuevamente envueltos en conflictos con los siros. Judas obtuvo su última victoria en Adasa, y poco después en el año 160 a.C. perdió la vida en Elasa (ambos lugares al S. de Modín), peleando contra una fuerza numéricamente superior a la suya.

Jonatán su hermano, asumió el mando del mermado ejército judío. Sus primeras victorias no se debían tanto a la proeza militar judía como a los disturbios internos siros, los cuales urgían la evacuación de muchas de sus plazas fuertes en Judea. Por consiguiente, Jonatán dirigió con buen éxito varias escaramuzas contra las fuerzas hostiles en Jope, y cerca de Azoto. Llegó a dominar Jerusalén, aunque no pudo tomar la ciudadela. En una tentativa para fortalecer su posición política renovó la alianza hecha con Roma, por Judas, la cual de poco o nada le servía, pues después de breve tiempo cayó en manos del enemigo, quien le ultimó en forma traicionera en el año 142 a.C., pero no tardó mucho en que su hermano Simón (considerado como el fundador de la dinastía asmonea) arrojara la guarnición sira de Betsur, al N. de Hebrón y de la fortaleza de Jerusalén, y adquiriera la independencia nacional, y con ella la paz interna y prosperidad del país. Su carrera militar de mucha promesa fue truncada por su asesinato perpetrado por su yerno, cerca de Jericó, en el año 134 a.C. Juan Hircano, su hijo menor, se libró de la conspiración y fue reconocido por el pueblo como el heredero legitimo, tanto en lo civil como en lo tocante al Sumo-sacerdocio. Su ascenso al poder marcó un período de expansión territorial asmoneo. Hircano se enseñoreó en Medeba al E. del Jordán, y en la región alrededor de Samaria, tomó el templo samaritano, Siquem y Escitópolis, además de afirmar su dominio sobre Esdraelón. En el reinado de su hijo Aristóbulo I, Galilea fue incluida bajo el gobierno de]os judíos, llegando sus posesiones al zenit de su extensión territorial en el tiempo de Alejandro Janeo, con la inclusión en ellas de nuevas comarcas al E. del Jordán y en la Llanura Marítima.

Si bien Palestina continuó siendo una dependencia de Siria durante el período macabeo, gozaba de una autonomía casi total. El mal gobierno y la discordia religiosa que caracterizaron los últimos años de esta época hasta la iniciación del período romano, se debía, no a la opresión de los siros, sino a la decadencia y perversa ambición de los últimos reyes asmoneos, indignos sucesores de los primeros caudillos de aquella dinastía. A pesar de todo, los macabeos prestaron un gran servicio a su patria, pues por más de un siglo lograron que la nacionalidad judía no fuese absorbida por Egipto, por un lado, ni perdida en Siria por el otro.

4. Dominación Romana: Los Reyes Asmoneos: Herodes.

En el año 63 a.C. el general romano, Pompeyo, dirigió una expedición contra Judea y redujo el país a una provincia tributaria de Roma.

Roma según las leyendas fue fundada en el año 753 a.C. por Rómulo y su hermano Remo. Al principio era una monarquía, pero debido al mal gobierno del último de sus reyes, se produjo una revolución en 510 a.C. que resulto en la fundación de una República que duró hasta el año 27 a.C. fecha en que Octavio, sobrino de Julio César, tomó el título de Augusto (Venerable) y concentro en su persona todos los poderes de los funcionarios tradicionales de la República. Desde entonces hasta su fin Roma fue un Imperio.

Durante el período republicano, Roma se adueñó primero de la cuenca occidental del Mediterráneo y después de la cuenca oriental. La expedición de Pompeyo era para completar la so-juzgación de esta última región. No era la política de Roma en esa época imponer por la fuerza la forma republicana de gobierno. Palestina por consiguiente quedaba bajo la administración de sus propios gobernantes, los asmoneos, quienes permanecieron en el poder hasta que Herodes fuese designado rey por los conquistadores romanos.

La familia Herodiana hizo su entrada en la historia judía en el tiempo de Juan Hircano I, hijo del esforzado Simón, quien habiendo subyugado a los idumeos, los incorporó al estado judío, forzándoles a guardar la Ley Mosaica. Ya que los idumeos habían venido a ser una parte integrante de Israel, no tardaron en inmiscuirse en la política del país. Antipas, príncipe idumeo, llegó a ser nombrado gobernador de Idumea en tiempo de Alejandro Janeo, y Antípater su hijo le sucedió en este cargo.

Antes de morir el rey asmoneo, Alejandro Janeo dispuso que su viuda Alejandra continuara el gobierno civil aconsejada por los fariseos, y designó a su hijo Juan Hircano II, como Sumo Sacerdote. A la muerte de Alejandro el Sumo Sacerdote heredó también el gobierno civil, pero su hermano Aristóbulo mediante un golpe de estado lo derrocó. Antipas aprovechó esta circunstancia para trabar amistad con Juan Hircano II y mediante una serie de intrigas, fomento la rivalidad entre este príncipe inepto y su hermano, más enérgico, en provecho suyo.

En recompensa por su ayuda en su campaña contra Egipto, César nombró a Antípater, Procurador de Judea y a su títere Hircano II, le designó Etnarca. En seguida los judíos organizaron una tenaz oposición al poder idumeo, y Antípater fue asesinado 4 años después de su ascenso al gobierno.

Marco Antonio nombró en su reemplazo a sus dos hijos Fazael y Herodes. Atacado duramente por las tropas de Antígono, (hijo de Aristóbulo II, último rey del linaje asmoneo) y los partos, Fazael fue capturado y luego se suicido. Herodes, respaldado por las fuerzas imperiales continuó la lucha contra Antígono y los partos. Poco tiempo después Jerusalén fue tomada por asalto y a instigación de Herodes, Antígono fue asesinado siendo confiscados sus bienes.

Terminada esta campaña, Herodes fue coronado rey de Judea como vasallo de Roma, por el año 40 a.C. y ocupó el trono hasta poco después del nacimiento del Salvador.

Fue pues en medio de tal pueblo, bajo el yugo de Roma y el gobierno de un inescrupuloso y déspota idumeo que profesaba el judaísmo por motivos políticos, que el Mesías hizo su presentación en este mundo.

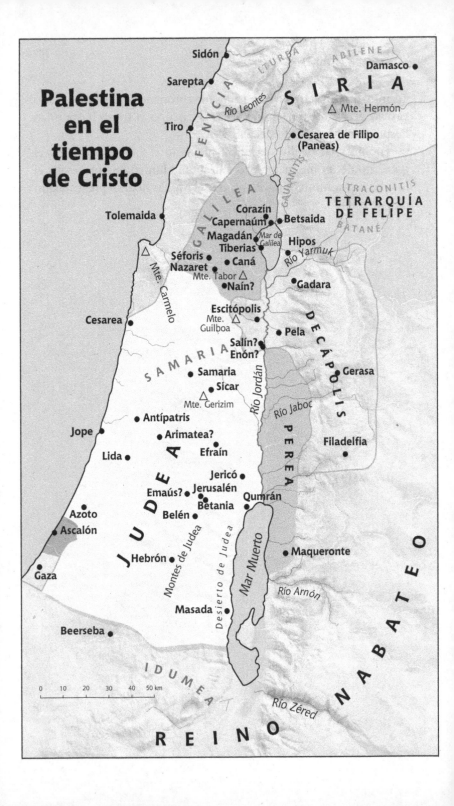

Palestina
en el
tiempo
de Cristo

CAPÍTULO 15

Palestina del Nuevo Testamento

La geografía política de Palestina durante los 70 años de la historia del Nuevo Testamento es un tanto complicada debido a la aparición de nuevas circunscripciones, la elevación de algunas monarquías y a su repentina reducción a provincias con las consecuentes modificaciones territoriales.

Ofrecemos más abajo una breve descripción de:

1. Las Provincias al Oeste del Jordán; y, 2. Las Provincias al Este del Jordán.

1. Provincias al Oeste del Jordán.

a. a. *Judea.* Era la más grande de Palestina, pues abarcaba el territorio que antiguamente correspondía a las tribus de Judá, Simeón, Dan y Benjamin. En el transcurso de los años la línea divisoria septentrional sufría frecuentes variaciones, pero se puede decir que se extendía desde Jope, en la costa Mediterránea, hasta un punto en el Jordán a 16 Kms. al N. del Mar Muerto. La línea meridional se extendía desde Ascalón al O para incluir Edom occidental al Sudeste.

Exceptuándose lugares tales como Belén, Betania, Hebrón y los fértiles declives del lado occidental de la mesa de Judea, su característica dominante es la monotonía. El color gris de las rocas que emergen de un suelo árido, los lechos secos y pedregosos de los torrentes invernales, los montes sembrados de piedras con sus cimas redondeadas y sin variedad de forma o de color, imprimen a esta comarca un aire de soledad y rudeza.

Etnografía. Los habitantes eran arrogantes, exclusivistas, conservadores y de poca iniciativa espiritual. Sin embargo, supieron mantenerse firmes cuando se imponía lealtad al pa-

sado o un patriotismo apasionado. Semejante carácter estóli-
do, sin embargo, no permitía que cambiaran con facilidad de
opinión o de creencia, como prueba que a través de los años
se adhirieron a sus tradiciones y a sus creencias inflexibles en
el Único y Verdadero Dios.

b. **Samaria.** Era la provincia central de Palestina, situada entre Judea y la Cordillera del Carmelo. Presenta un contraste
a Judea en que sus montes están agrupados separadamente,
y cubiertos de abundantes pastos y árboles, mientras que el
terreno interpuesto está surcado de hermosas y fértiles llanuras que producían antiguamente enormes cosechas de granos y frutas, circunstancias que la hicieron muy codiciada en
tiempos bíblicos por los enemigos de Israel. El llano de Sarón
que se hallaba dentro de sus confines al lado occidental, lo
ocupaba casi exclusivamente gente pagana, obligando esto a
los samaritanos a radicarse en las serranías.

Etnografía. Los samaritanos tenían la reputación de ser
gente descontenta que sabia abrigar sentimientos de odio y
venganza, pero al mismo tiempo no eran mal agradecidos.
Cuando Sargón II tomó la ciudad de Samaria, llevó muchos
de sus habitantes a Asiria. Los israelitas restantes se mostraron rebeldes para con sus nuevos amos, hecho que inició el
sistema empleado por Sargón para efectuar su descentrali-
zación. Reemplazó a los elementos deportados con colonos
oriundos de Hamat, y otras partes de su Imperio, los cuales
trajeron consigo a su nuevo terruño sus antiguas idolatrías.
Existía cierta rivalidad y hostilidad tradicional entre Samaria
y Judea a través de su historia. Después del retorno del Exilio, cuando Judea estaba reconstituida como estado religioso
bajo Esdras y Nehemías, los samaritanos fueron excluidos
del Templo en Jerusalén, por ser pueblo mixto, y por haber
adulterado el culto de Jehová con prácticas idólatras, cosa
que motivó la construcción de un templo rival en el monte
Gerizim. De allí es fácil comprender la enemistad y repug-
nancia que seguían perpetuándose entre dicho pueblo y los
judíos de pura sangre de Judea.

c. **Galilea.** La más septentrional de las provincias occidentales, comprendía todo el territorio al N. de Samaria hasta el Monte Líbano, extendiéndose de E. a 0. entre el Mar de Galilea y el Mar Mediterráneo y Fenicia. Coincidía esta comarca con el territorio que correspondió a las tribus de Zabulón, Aser, Neftalí y gran parte de Isacar. Atravesada la provincia por grandes rutas de caravanas que transitaban de Damasco al Mediodía, del Lago de Galilea a Egipto, y de Aco a través de la Baja Galilea de Betsán, y de allí a través del Jordán, a Galaad y a Arabia.

Fue renombrada por la asombrosa variedad, la exuberante fertilidad y la extraordinaria belleza de su comarca. Tenían fama sus alegres prados, sus fragantes flores y sus frondosos bosques de sicómoro, arrayán, encina y laurel, alegrados por multitud de pájaros de todo clima. Las faldas de sus cerros dispuestos en terrazas fueron poblados de hatos y rebaños, y los valles pródigamente regados por risueños riachuelos rendían cosechas de abundantes granos, uvas, higos, olivos, en fin, toda especie de frutas y legumbres de un clima subtropical. En vano se buscaría en todo el territorio palestino, una región de belleza tan encantadora y de vegetación tan profusa.

Etnografía. Por largo tiempo la provincia de Galilea se llamaba «Galilea de los Gentiles», en razón de hallarse poblada mayormente de fenicios, árabes, egipcios, sirios, etc., los cuales se establecieron en aquella comarca después del Cautiverio. Los Judíos patriotas que se dirigieron a este punto, de regreso de Babilonia, fueron atraídos nuevamente a Judea por Simón Macabeo. Pero más tarde en el reinado de Juan Hircano, muchos judíos volvieron a establecerse en el aludido territorio sin temor de ser perseguidos, y poco a poco se dejaba de emplear el término «de los gentiles» al referirse a aquella provincia.

El continuo roce de los galileos con los comerciantes que frecuentaban su comarca, y con los extranjeros que se establecieron en el lado occidental del Lago de Galilea, influyó mucho en su emancipación de prejuicios religiosos, y por consiguiente, en la adquisición de un carácter más expansivo y cordial que el de sus vecinos al S.

Aunque tenían fama de ser de carácter pendenciero, eran en verdad fervientes patriotas y de impulsos nobles, si bien es cierto que gustaban las innovaciones y las sediciones. Fue pues entre aquella gente que nuestro Salvador encontró su mejor aceptación, sus primeros discípulos y agresivos misioneros.

2. Las Provincias al Este del Jordán.

a. *Perea,* designada en el Nuevo Testamento como «la otra parte del Jordán», se aplicaba, a la faja de terreno que se extendía a lo largo del Jordán desde un poco al S. de Pella hasta el Arnón. Según Josefo, la comarca se interrelacionaba con Decápolis, pues él consideraba a Gadara como capital pereana, y contaba a Otopos, en lugar de aquella, en la confederación de ciudades griegas. Este territorio que se confundía al E. con el desierto Arábigo no contaba con una numerosa población, y no figuraba mucho en el Ministerio del Salvador.

Etnografía. Constituyó esta región un importante asiento de población judía. Algunos griegos se establecieron también dentro de sus confines.

b. *Decápolis* («Decca»: diez, y «polis», ciudad).

No era un término preciso, por consiguiente no debe considerársele como una jurisdicción política. En el sentido más limitado de la palabra se refiere a diez ciudades griegas bajo la protección del gobernador de Siria, cada una de las cuales constituye un centro administrativo de la región circundante. Las ciudades de la confederación eran: Escitópolis (la antigua Betsán) la única sita al O. del Jordán; Damasco en Siria: Dión, Rafana y Canata en la Tetrarquía de Felipe, e Hippos, Gadara. Pella, Geresa y Filadelfia (esta última, la antigua Rabá, de los amonitas) situadas en la región que comienza en la mitad del Mar de Galilea y que se extiende en dirección SE hasta el S. de las cabeceras del Jaboc.

Tales confederaciones tan comunes en la época del Imperio Romano, fueron formadas para promover las relaciones comerciales entre si y el cultivo del espíritu helénico contra las razas extranjeras.

El antiguo Basán, en cuyo territorio había penetrado la influencia griega se dividía en el tiempo del Nuevo Testamento en cinco secciones:

Gaulonitis, hoy Jaulán, entre el Hieromax y el monte Hermón.

Auranitis, o sea, el Haurán, la comarca llana al SE. de Batanea.

Traconitis, el Leja, la región agreste al E.

Iturea, el terreno escabroso de indeterminados límites entre el mar de Galilea y el S. de Damasco.

Batanea, aquella porción del antiguo Basán, entre Gaulonitis y Auranitis que se extendía al S. del Hieromax.

Etnografía. En la región entre Hippos y Filadelfia, predominaban los griegos, mientras que extranjeros de diversos países y judíos, residían mayormente al N. y NE. de dicha región.

Divisiones políticas de Palestina desde 4 a.C.-70 d.C. se les puede clasificar como sigue:

1. Las Provincias que constituían las Tetrarquías a la muerte de Herodes.

2. Las Provincias que gobernaba Herodes Agripa I.

3. Las Dos Provincias.

1. Provincias que constituían las Tetrarquías.

Cuando Jesucristo nació, Herodes el Grande gobernaba todo el territorio antes citado, es decir, Judea, Samaria, Galilea, Perea y Decápolis, pero Roma no quiso otorgar a su sucesor, Arquelao, tanto poder como había tenido su padre y por consiguiente dividió sus dominios en 4 Tetrarquías:

a. *Judea, Samaria e Idumea,* constituyeron la Tetrarquía de Arquelao (Mateo 2:22).

b. *Galilea y Perea,* comprendía el territorio del Tetrarca Herodes Antipas (Mateo 14:3-11).

c. *Traconitis, Auranitis, Gaulonitis, Batanea e Iturea, o sea,* «La Quinta Provincia», formaron la tetrarquía de Herodes Felipe.

d. *Abilene,* el pequeño distrito entre el Monte Hermón y Damasco, constituyó el territorio que correspondió a Lysanias el Tetrarca. Arquelao fue destituido por el Emperador romano; en seguida, Judea y Samaria fueron anexados directamente al Imperio Romano y gobernado por Procuradores, de quienes Poncio Pilato era uno de interés bíblico, y el quinto en línea de sucesión.

2. Provincias que gobernaba Herodes Agripa I (41-44 d.C.)

Era este, hijo de Aristóbulo, nieto de Herodes el Grande. El advenimiento de Calígula al trono imperial fue la ocasión de asignar a Agripa todos los dominios de Herodes el Grande, juntamente con Abiline, de modo que reino sobre una extensión de territorio más o menos igual a la de Salomón. Fue este el que mató al Apóstol Santiago, encarceló a Pedro, y murió ignominiosamente después, en Cesarea (Hechos 12).

3. Las Dos Provincias (44-70 d.C.)

Al morir Agripa I, el país se sujetó a una nueva organización siendo dividido políticamente en dos provincias:

a. *La Quinta Provincia y Abilene.* Herodes Agripa II, hijo de Herodes Agripa I, solo contaba 17 años cuando murió su padre y el emperador le otorgó solamente las Tetrarquías de Felipe y Lysanias sobre las cuales gobernaba hasta la extinción del Estado Judío por Tito en el año 70 d.C., fecha en que se retiró a Roma. Ante este rey Agripa, Pablo dio un excelente testimonio (Hechos 25 y 26).

b. *La Provincia de Judea.* Durante el reinado de Herodes Agripa II en el N. de Palestina, Judea, Samaria, Galilea y Perea, pasaron a formar la provincia de Judea, bajo Procuradores romanos con su centro de gobierno en Cesarea. Cuando fue sofocada la última insurrección de los judíos, el país entero fue anexado a la provincia de Siria, terminando así la historia de Judea como nación.

CAPÍTULO 16

Aspectos geográficos que atañen a la vida del Salvador

Según Gálatas 4:4, «Venido el cumplimiento del tiempo, Dios envió a su hijo», lo que implica que el tiempo se había cumplido y que el escenario fue preparado para la venida del Mesías y luego para la difusión del Evangelio al mundo gentil, como se puede apreciar por lo siguiente:

1. *Un Pueblo,* que tenía el conocimiento del Dios verdadero le esperaba en Palestina.

2. *Un Mundo,* que había perdido su fe en sus deidades, aunque prevalecía en muchas partes una expectación de que surgiera un Personaje que satisficiese los anhelos profundos del corazón humano.

3. *Un Lenguaje,* que se hizo universal, servia de vinculo para propagar las «Buenas Nuevas» al mundo gentil, pues después de las conquistas de Alejandro, el griego se arraigó de tal manera en toda la cuenca oriental del Mediterráneo y en los países más al E. hasta la India, que seguía siendo el idioma popular en aquellos países a pesar de la dominación romana.

4. *Vías de Comunicación.* En los magníficos caminos construidos por los romanos, se estacionaban guarniciones de soldados imperiales, garantizando así la vida de los viajeros.

5. *Sinagogas Establecidas,* por todo el mundo de aquel entonces constituían excelentes puntos de partida para la predicación del Evangelio a las naciones paganas.

Nuestro Salvador procedía de la tribu de Judá, tanto por parte de José, como por parte de María. Ninguno de los evangelistas sigue con exactitud el curso cronológico de su vida, sin embargo, se ha podido establecer el orden de la mayoría de los acontecimientos.

En seguida nos referiremos a los lugares relacionados con los eventos principales de su niñez y juventud, y después para facilitar el estudio de su ministerio público lo presentaremos en forma de giras misioneras.

1. Período del nacimiento y juventud.

Belén, Jerusalén, Egipto, Nazaret y el Templo.

Belén, situada en lugar placentero en una loma rodeada de colinas terraplenadas, cubiertas de ricos viñedos y almendros, en las serranías de Judá a 8 Kms. al SE. de Jerusalén. Su recuerdo se relaciona con la incomparable historia idílica de Boaz y Rut. Allí se esperaba que naciera el Mesías, y en sus inmediaciones tuvo lugar la anunciación a los pastores. Los magos se dirigieron a este lugar orientados por una estrella, y poco después fueron sus niños asesinados por orden de Herodes. Cuenta hoy con 1200 habitantes, y gran número de iglesias e instituciones religiosas. Si es digna de confianza la tradición, fue este el lugar en donde San Jerónimo efectuó la traducción al vulgo de entonces de las Escrituras griega y hebrea, dando al mundo la versión conocida como la Vulgata (Miqueas 5:2 y Mateo 2:1-5) .

El Templo de Jerusalén, era la escena de la Presentación del Niño Jesús (Lucas 2:21-38).

Egipto, país de refugio para la Familia Sagrada cuando huyó de Judea para librarse del furor de Herodes (Mateo 2:13-15).

Nazaret, donde pasó nuestro Salvador su niñez y su juventud, está situada en Baja Galilea, al N. de la llanura de Esdraelón, sobre la vertiente de una colina que domina por el lado NO. un feraz valle circular. Está rodeada de cerros, cuyas laderas cubiertas de hermosos sembrados, e higueras y olivos, tachonados de casas hechas de piedra caliza blanca, contribuyen a destacar los alrededores de Nazaret entre los más pintorescos de Palestina, pero desgraciadamente sus habitantes no gozaban de muy buena reputación.

Hoy es un gran centro de peregrinación cristiana y de turistas en general, y numerosas son las iglesias, monasterios, orfanatos y hospitales de diferentes sectas religiosas que se han construido en derredor suyo (Mateo 2:19-23).

2. Período de inauguración.

Betábara, Desierto-Betábara, Caná, Capernaum.

Betábara (Mateo 3:13). El lugar tradicional del Bautismo del Salvador, se encuentra en la margen oriental del Jordán, frente a Jericó. Después de su bautismo fue arrebatado por el Espíritu al:

Desierto de la Tentación (Mateo 4:1). Hay conjeturas que se refieren a la región despoblada entre Hebrón y el Mar Muerto. Regresando nuevamente después de los 40 días a Betábara, recibió el testimonio de Juan y tuvo el encuentro con sus primeros discípulos, después de lo cual se apartó de la escena del ministerio de su Precursor, haciendo viaje al N. a:

Caná de Galilea (Juan 2:1-12) donde se realizo su primer milagro. Edificada sobre una alta colina y rodeada de otras más bajas, domina sus alrededores salpicados de jardines y olivos. Existe hasta hoy a 7 Kms. al NE. de Nazaret. De Caná partió para:

Capernaum (Juan 2:12), donde permaneció solamente unos cuantos días, pues quiso volver a Jerusalén para asistir a la fiesta de la Pascua.

3. Ministerio en Judea

Podemos seguir con facilidad los primeros pasos de Jesús, en el comienzo de su Ministerio, pero con la Purificación del Templo y la entrevista con Nicodemo, que tuvieron lugar con ocasión de su visita a la capital, cesan abruptamente nuestros informes con respecto al primer año de su Ministerio Público, y durante ocho meses no hay indicio alguno de sus actividades en Judea excepto que «El hacía discípulos y bautizaba más discípulos que Juan».

Es cierto que los representantes autorizados de la nación le trataron con frío desdén en Jerusalén, y tomando esta actitud como un rechazo se vio obligado a cambiar la esfera de sus actividades a Galilea, en la parte septentrional de Palestina. En su viaje al N. pasó por:

Sicar (Juan 4:1-42) población de Samaria, situada un poco al N. del pozo de Jacob es donde reveló a la mujer samaritana que él era el Mesías. No es sinónimo de Siquem. Nuevamente:

Caná (Juan 4:46-54), fue honrada con Su presencia en esta ocasión cuando sanó al hijo del Noble.

4. Ministerio en Galilea

Después del primer año de su Ministerio Público, Jesús cambió su esfera de actividad a Galilea y durante unos 18 meses obraba entre los sencillos e industriosos galileos. Visitaba los pueblos que rodeaban el mar de Galilea, de forma semejante a la de una pera, llamado antiguamente Cineret o Cinerot, y posteriormente el Lago de Genezaret, Galilea o Tiberias (Números 34:11 y, Juan 6:1). Esta expansión de agua que mide unos 21 Kms. de largo por 13 de ancho en su mayor extremidad hacia el N. está encerrada por colinas escarpadas, salvo en el lado N. y NO. y en el punto donde el Jordán sale del lago por el lado S. siendo más pendientes las elevaciones que surgen en la faja de verdor por el lado oriental.

Sus aguas dulces abundaban en peces que daban empleo a gran número de pescadores y los muchos barcos que surcaban su superficie ofrecían mucha animación. Debido en parte a su bajo nivel y la forma de los montes que lo rodean, el lago está a menudo expuesto a frecuentes tempestades, súbitas ráfagas de viento descienden los declives del monte Hermón, y precipitándose por las quebradas entre los montes que dan al mar concentran toda su furia en sus aguas.

De las numerosas poblaciones que antiguamente cubrían sus riberas sobre todo por el lado occidental, solo se puede indicar con certeza la situación de Tiberias y Magdala, entre las incógnitas ruinas de las que antiguamente constituían florecientes centros de comercio e industria.

Parecía durante el primer año del Ministerio de Jesús en Galilea, que su obra traería un reconocimiento nacional, tan grande era el entusiasmo y cariño con que los galileos lo recibieron. Pero el milagro de dar de comer a los 500 hombres, que está colocado en el apogeo de este período por los cuatro Evangelistas, revela la fe

deficiente, y los deseos materialistas y poco espirituales de los galileos. En el discurso que Jesús les dirigió más tarde, él mismo dio
el golpe mortal a su popularidad (Juan 6:25-66) Desde entonces,
abandonó en gran parte su antiguo trabajo de predicar y hacer milagros, y se consagro a instruir más particularmente a sus discípulos, retirándose a las regiones limítrofes de Palestina, tales como
Cesarea de Filipo, monte Hermón, etc.

En el itinerario de los viajes misioneros que llevó a cabo el
Salvador en Galilea tocó los siguientes lugares

a. *Jerusalén, Nazaret, Capernaum.* En la capital:

Jerusalén (Marcos 1:14). Oyó de las noticias del encarcelamiento de Juan. Luego viajó a Galilea para comenzar su Ministerio.
Llegando a:

Nazaret (Lucas 4:29), los hombres incrédulos le llevaron a una
peña detrás de la población para despeñarlo, hecho que le obligó
a fijar su residencia en la ciudad marítima del Lago de Galilea, es
decir:

Capernaum, situado sobre la orilla NO. del Mar de Genesaret
distante unos cuantos Kms. del Jordán. No se menciona en
el Antiguo Testamento, puesto que fue edificada después del
Cautiverio. El punto exacto de su situación ha desaparecido, pero
algunas autoridades la sitúan en Tel-Hum, pueblo a 5 Kms. al NO.
del expresado lago, que hoy cuenta con 1000 habitantes, de quienes
un buen porcentaje está representado por judíos. Su importancia
estribaba en que era:

Base militar Romana y centro para la recaudación de impuestos.

Punto de empalme sobre el gran camino del mar, recorrido
por las caravanas que de Damasco se dirigían al Mediterráneo y a
Egipto, además era:

Centro por algún tiempo de los trabajos del Salvador en Galilea,
admirablemente situada para hacer giras de evangelización a todas
partes de la provincia.

En esta ciudad se verificaron los siguientes hechos:

El llamamiento de los cuatro discípulos (Lucas 5:1-11). La pesca
milagrosa (Lucas 5:1-11).

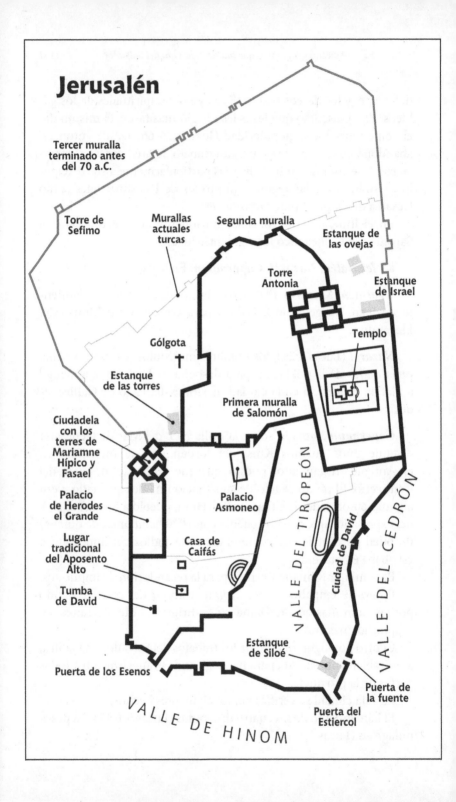

Jerusalén

Tercer muralla
terminado antes
del 70 a.C.

Torre de
Sefimo

Murallas
actuales
turcas

Segunda muralla

Estanque de
las ovejas

Torre
Antonia

Estanque
de Israel

Templo

Gólgota

Estanque
de las torres

Primera muralla
de Salomón

Ciudadela
con los
terres de
Mariamne
Hípico y
Fasael

Palacio
Asmoneo

Palacio
de Herodes
el Grande

Casa de
Caifás

Lugar
tradicional
del Aposento
Alto

Ciudad de David

Tumba
de David

VALLE DEL TIROPEÓN

VALLE DEL CEDRÓN

Estanque
de Siloé

Puerta de los Esenos

Puerta de
la fuente

Puerta del
Estiercol

VALLE DE HINOM

La predicación en la Sinagoga (Marcos 1:21).

La curación del endemoniado y de la suegra de Pedro (Marcos 1:23-31).

Hizo luego:

Las visitas a las aldeas de los alrededores (Marcos 1:38).

El Saneamiento del leproso (Marcos 1:40-42); después de esto regresó al puerto, centro de tanta actividad misionera (Marcos 2:1).

b. *Capernaum, Naín*

Capernaum. De vuelta a esta floreciente ciudad de Galilea, el Salvador:

Curó al paralítico (Marcos 2:1-12). Llamó a Leví (Marcos 2:14).

Sanó la mano seca (Marcos 3:1-6).

Pasó la noche en oración y eligió a los discípulos (Marcos 3:7-19).

Pronunció el Sermón del Monte en los Cuernos de Hatin (Mateo 5 a 7:28); y

Sanó al siervo del centurión (Mateo 8:5-13)

Naín. De Capernaum se dirigió a Naín, pueblo amurallado y hermosamente ubicado en el lado NO. del Pequeño Hermón a 8 Kms. al S. SE. de Nazaret, que hasta el día de hoy conserva el mismo nombre. En la referida población:

Resucito al hijo de la viuda (Lucas 7:11-17) .

Recibió el mensaje de Juan desde la prisión (Lucas 7:18-23). Fue ungido por una mujer (Lucas 7:36-50) .

Predicó en las poblaciones cercanas (Lucas 8:1).

c. *Capernaum, Guerguesa*

Capernaum, en cuyas cercanías:

Sanó al endemoniado ciego y mudo (Mateo 12:22-23). Fue visitado por su madre y hermanos (Mateo 12:46-50). Pronunció la parábola del Sembrador, etc. (Mateo 13:1-23). Conversó con los discípulos presuntos (Lucas 9:57-62); y luego:

Cruzó el mar y calmo la tempestad (Marcos 4:35-41). Pasados estos acontecimientos se encaminó rumbo a:

Guerguesa, situada en la orilla E. del Lago, a 8 Kms. de distancia desde donde el Jordán entra en dicho lago. Los datos que tenemos de su ministerio en este lugar son en extremo escasos. Sabemos que curó al endemoniado y que después regresó a Capernaum (Mateo 8:28).

d. *Capernaum, Nazaret.*

Capernaum, teatro de sus más portentosas obras, fue escenario en esta ocasión de:

La Resurrección de la hija de Jairo (Mateo 9:18-26)

La curación de la mujer enfermiza y del endemoniado mudo (Mateo 9:20-22 y 32-34).

La recuperación de la vista de dos ciegos (Mateo 9:27-31).

Nazaret. Movido por su profundo amor para con los nazarenos volvió a visitarlos, recibiendo nuevamente un rechazo (Marcos 6:1-6) .

Luego:

Mandó a los doce discípulos a predicar (Marcos 6:6-13). Oyó acerca de la muerte de Juan quien había sido decapitado en el castillo de Maquerus, distante unos 18 Kms. de la cabecera del Mar Muerto, por el lado oriental (Marcos 6:14-29). Emprendió la jornada a pie a Capernaum.

e. *Capernaum, Betsaida, Genezaret*

Capernaum. Mientras que estaba en este lugar los discípulos retornaron de su expedición misionera a:

Betsaida, patria de Felipe, Andrés y Pedro, situada en la cabecera NE. del lago. Fue testigo de grandes milagros, pues en sus inmediaciones:

Alimentó a los 500 hombres (Marcos 6:31-44); y,

Caminó sobre el mar (Marcos 6:45-52).

El siguiente centro de operaciones lo constituyó:

Genezaret, en medio de una llanura semicircular en el litoral NO. del lago, la cual regada por diversas corrientes se convertía en un paraíso de fertilidad y hermosura. Luego de curar a muchos enfermos, volviose otra vez a Capernaum (Marcos 6:53-56).

f. *Capernaum, Fenicia, Decápolis, Dalmanuta, Betsaida.*
Capernaum. Nuevamente fue Capernaum el punto de partida de un viaje a:
Fenicia, cuyo territorio nunca fue poseído por los hebreos pero, fue testigo de la curación de la joven sirofenicia (Marcos 7:2430). Después viajó por tierra, siendo su destino:
Decápolis. Aquí curó al sordomudo (Marcos 7:31-37); y, Alimentó a los 400 (Marcos 8:1-10).

Entonces despedidas las gentes, entro en un bote y se hizo a la vela a:
Dalmanuta, sita en la playa occidental del Mar de Galilea, en la vecindad de Magdala. A poco de desembarcar los Fariseos comenzaron a altercar con él demandándole una señal del cielo, circunstancia que lo obligó a navegar de nuevo con rumbo a Betsaida, en cuya vecindad sanó al ciego (Marcos 8:10-12, 22-26).

g. *Betsaida, Cesarea de Filipo, Monte Hermón, Capernaum, Jerusalén*
Betsaida, de donde emprendió viaje al N. deteniéndose en:
Cesarea de Filipo, ciudad al pie del monte Hermón que antiguamente se llamaba Paneas, por ser centro durante largo tiempo del culto a Pan, dios griego de pastos, rebaños y bosques, muy aficionado a la música. Fue embellecida y ensanchada por Felipe el Tetrarca, quien cambió su nombre por Cesarea, en honor a Tiberio César, agregando el suyo propio para distinguirla del puerto de este nombre a orillas del Mediterráneo. Es un pueblo notable por la trascendente declaración de Pedro que se registra en las Escrituras: «Tú eres el Cristo» (Marcos 8:27-29).
Es muy verosímil que una de las faldas solitarias de:
Monte Hermón, donde se encontró después, fue escenario de la transfiguración del Salvador, terminado lo cual curó al lunático al pie del mismo monte (Marcos 9:2-19). Concluidos esos sucesos emprendió viaje de regreso a:
Capernaum, donde se proveyó de dinero para pagar el tributo,y se origino la disputa sobre lo de ser el mayor en el Reino de Dios (Mateo 17:24-27 y 18:1-35). Esperó en este lugar

hasta que hubiese comenzado la Fiesta de los Tabernáculos antes de dirigirse a la capital:

Jerusalén, donde perdonó a la mujer tomada en adulterio (Juan 8:3-11).

La oposición de los Fariseos tomó en esa ocasión una forma amenazante, manifestándose en un intento de apedrearle, lo cual dio motivo a su regreso, según se cree a Capernaum, donde permaneció por corto tiempo (Juan 8:12-59).

5. Ministerio en Perea

Su ministerio en aquella comarca abarca tres viajes:

a. *Capernaum, Samaria, Perea, Betania, Jerusalén.*

Capernaum. Ante las sublimes verdades que pronunció, y los prodigios que obró el Salvador, en Capernaum, sus habitantes prestaron una funesta impasibilidad e impenitencia, por lo que los conminó Jesús con los juicios más terribles, tales como los que se encuentran en (Mateo 11:23-24).

Salió de Galilea para nunca regresar y los últimos meses de su ministerio público los ocupó en un lento viaje a Jerusalén (Mateo 19:1). Sufrió un rechazo en:

Samaria. El lugar tradicional en que se detuvo en esa ocasión era la antigua Enganim, en cuyas cercanías se realizó la entrevista con el discípulo vacilante (Lucas 9:61-62).

Perea. Era parte de la misión de Jesús predicar el arrepentimiento en todo el país, y a fin de preparar las aldeas de esta región para recibirle:

Envió setenta discípulos delante de él (Lucas 10:1-16).

Jesús les siguió por Perea (Mateo 19:1-2)

Los setenta regresaron (Lucas 10:17).

Pronuncio las parábolas del Buen Samaritano, del Rico Insensato, de la Higuera

Seca, y de la Mostaza (Lucas 10:25-37, 12:16-21; 13:6-9; y 13:18-9).

Enseñó a sus discípulos a orar y sanó a un endemoniado (Lucas 11:1-14).

Asistió a una fiesta en la casa del fariseo (Lucas 11:37-54).
Sanó a la mujer inválida (Lucas 13:10-17).
Fue advertido contra Herodes (Lucas 13:31-35). Poco después visitó la familia sagrada en:
Betania, de pintoresca situación en la falda oriental del Olivete, al E. SE. de Jerusalén, en medio de una espesura de higueras, olivos y almendros. Hasta tiempos recientes había escasos vestigios de vida en este lugar. (Lucas 10:38-42). Encaminándose luego a:
Jerusalén, curó al hombre nacido ciego (Juan 9:1-41).
Disertó sobre el Buen Pastor (Juan 10:1-18) . Asistió a la Fiesta de la Dedicación (Juan 10:22-23) .

Sus enseñanzas en esta ocasión despertaron tanta oposición entre sus enemigos que creyó prudente retirarse al otro lado del Jordán (Juan 10:31-42).

b. ***Betábara, Betania, el Retiro a Efrain.*** Mientras estuvo en:
Betábara, comió con el fariseo (Lucas 14:1).

Sanó al hombre hidrópico (Lucas 14:2-4). Pronunció las parábolas de la Gran Cena, de la Oveja Perdida, del Hijo Pródigo, del Mayordomo Injusto, y del Rico y Lázaro (Lucas 14-17).

Disertó sobre las ocasiones de tropezar (Lucas 17:1-10). Regresando una vez mas a:
Betania, resucitó a Lázaro, milagro estupendo que provocó a los judíos a tomar consejo para matarle (Juan 11:1-53), actitud hostil que le impelió a refugiarse en:
Efraín, aldea situada en un cerro cónico a 8 Kms. al E. NE. de Betel, que quizá correspondió a Ofra, mencionada en Josué 18:23. Aquí se dedicó a instruir más particularmente a sus discípulos (Juan 11:54).

c. ***Perea, Jericó, Betania.***
Perea. Los pereanos en esta ocasión fueron favorecidos con las parábolas siguientes:
El Reino Venidero (Lucas 17:20-37).
El Juez Injusto; el Fariseo y el Publicano, y los Labradores (Lucas 18:1-14 y Mateo 20:1-16). En esta ocasión también:

Bendijo a los Niños (Lucas 18:15-17). Predijo su Muerte (Mateo 20:17-19). Después pasó de frente a:

Jericó, la «Ciudad de las Palmas», ubicada a 24 Kms. al E. NE. de Jerusalén y a 8 Kms. del Jordán. Como dominaba el Bajo Jordán y el paso a los montes del interior del país, era menester su captura antes de iniciar la conquista del Canaán Central. Por lo tanto sus captores la fortificaron no como un centro estratégico militar, sino como una base de abastecimientos. Era indefensa en tiempo de guerra, debido a que se podía desviar el agua potable con facilidad en la parte N. de la ciudad, y ocupar sus colinas posteriores: además sus soldados no se distinguieron por su valor, pues su clima cálido contribuía a que se apoltronaran fácilmente.

Los griegos y los romanos difundieron su fama por todo el mundo de aquel entonces con sus dátiles y palmas, de lo que se obtenía pingües rentas, pero después de aquella época hasta tiempos recientes era una miserable población árabe, que no ostentaba ni una palma ni un rosal. En este lugar el Salvador:

Sanó al ciego Bartimeo (Lucas 18:35-43).

Tuvo el memorable encuentro con Zaqueo (Lucas 19:1-10). Pronunció la parábola de Las Diez Minas (Lucas 19:11-28). De paso por:

Betania, fue ungido por María (Juan 12:1-8).

Lugares relacionados con la semana de la pasión

Los acontecimientos de esta semana se verificaron en Jerusalén y en sus inmediaciones, los cuales se pueden agrupar en la forma siguiente:

1. De Betania al Templo.

Sucedieron durante sus visitas al templo:

La Entrada Triunfal en medio de desbordantes aclamaciones del pueblo (Mateo 21:1-11).

La Purificación del Templo (Mateo 21:12-17).

Las Últimas Enseñanzas al Pueblo, a las Autoridades del Templo, y a los Discípulos en el monte de los Olivos (Mateo 21-25).

Estas visitas las realizaba el domingo, lunes y martes respectivamente volviendo todas las noches a Betania. Se carece de datos sobre los acontecimientos del día miércoles.

2. De Betania al Aposento Alto.

La tradición señala el monte Sion como lugar de la celebración de la Santa Cena. Aquella noche inolvidable del día jueves se distinguió por las siguientes conmovedoras escenas:

Lavar los pies de los discípulos. Comer la Pascua.

Instituir la Santa Cena.

El discurso de despedida.

La Oración Pontificial (Juan 13 a 17 y Mateo 26).

3. Del Aposento Alto a Getsemaní.

Cerca de la medianoche del día jueves Jesús y sus discípulos se dirigieron a Getsemaní, por vía del valle de Josafat, que se hallaba al pie del monte de los Olivos en su falda oriental, puesto que era un lugar favorito de Jesús, quizá era un huerto público o la propiedad de algún amigo del Salvador. Aquí sufrió la pasmosa agonía que terminó en una completa victoria, después de lo cual tuvo lugar su arresto (Mateo 26:36-57).

4. De Getsemaní a la Casa de Caifás.

Nuestro Salvador fue conducido primero al palacio de Anás, donde después de haber sido sometido a un breve interrogatorio, fue llevado a la casa de Caifás, presidente del Sanedrín, ante el cual fue juzgado. Después de condenado y escarnecido lo condujeron a Pilato para pronunciar la sentencia. El tradicional lugar del proceso eclesiástico se encontraba en el Monte Sion, cerca de la casa en donde se celebró la Ultima Cena (Juan 18:24).

5. De Caifás a Pilato.

Debido a la situación política del país en aquella época era menester conseguir la ratificación y ejecución de la sentencia eclesiástica ante la primera autoridad romana civil, representada en este caso por Pilato. Este pusilánime Procurador deseando evadir la incómoda responsabilidad de dar su fallo contra Jesús, de cuya inocencia estaba convencido lo remitió a Herodes, pues reconoció su jurisdicción en el asunto, puesto que Jesucristo era de Galilea (Juan 18:28-40).

6. De Pilato a Herodes y Regreso.

Compareció ante Herodes, en el palacio de los reyes macabeos en la ciudad de Jerusalén. Este principillo cruel y corrompido, luego de mofarse de Jesús, lo devolvió a Pilato (Lucas 23:6-11).

7. De Pilato al Calvario.

Las otras evasivas de que se valió Pilato para salvar al Salvador a su regreso de Herodes eran igualmente vanas, y al fin impartió órdenes para su crucifixión, la cual tuvo lugar en el Gólgota (nombre hebreo del Calvario), lugar ancho y despejado de ligera elevación, parecido en algo a un cráneo, que se hallaba fuera de los muros de la ciudad, al lado de un camino muy frecuentado (Lucas 23:13-33).

Lugares relacionados con la resurrección

Los cuatro Evangelios refieren el glorioso hecho de la Resurrección, mas no todos conciertan en los mismos detalles. El capítulo 15 de Corintios menciona ciertas apariciones de Jesús no referidas en dichos Evangelios. Resumiendo, encontramos que éstas suman diez. Los lugares en que se realizaron fueron los siguientes:

1. En Jerusalén:

a María Magdalena, y a otras mujeres (Juan 20:1-18, y Mateo 28:1-10).

a Simón Pedro (Lucas 24:34).

a los discípulos, estando Tomás ausente (Juan 20:19-24) .

a los 11 discípulos (Juan 20:26-29).

a Santiago, hermano de Jesús (1 Corintios 15:7) .

2. Cerca de Emaús.

Desde la época de las Cruzadas, la tradición señala a Rubaibeh, a 11 Kms. al NO. de Jerusalén como sinónimo de Emaús, aunque Jerónimo la sitúa en la antigua Nicópolis a 32 Kms. al NO. de Jerusalén. Aquí el Salvador se reveló a dos de sus discípulos la tarde del día de su resurrección, haciendo que sus corazones rebosaran de alegría y entusiasmo (Lucas 24:13-33).

3. Cerca del Mar de Galilea.

Apareció a 7 discípulos al desempeñar estos sus quehaceres cotidianos (Juan 21:1-23) .

4. En un Monte de Galilea.

Quizá el Kurun Hattin, lugar en que se manifestó a unos 500 discípulos (1 Corintios 15:6).

5. Cerca de Betania.

Cuarenta días después de su resurrección Jesús dio en este sitio sus últimos mandamientos a sus discípulos, ascendiendo después al cielo, de donde ha prometido regresar otra vez por los suyos (Mateo 28:16-20 y Hechos 1:9-12).

Con el nombre de Betania se denominaba no solamente la población de este nombre sino a todo el declive SE. del Monte de los Olivos.

CAPÍTULO 17

Asia Menor

Siendo el Asia Menor la esfera de las múltiples actividades evangélicas de los primeros misioneros, convendría presentar aquí una somera descripción de la comarca.

Situación y Extensión

Dicha comarca llamada por los griegos Anatolia, que quiere decir: «Levante», bañada por las aguas de tres mares, es decir, las del Mar Negro por el N. las del Egeo por el O. y las del Mediterráneo por el S. cubre una extensión de 52000 Kms2. Colinda en el E. con las provincias de Armenia, Mesopotamia y Siria; al NO. el Mar Mármara o Propóntide, que con el Helesponto y el Bósforo, forman la división histórica entre Asia y Europa.

Aspecto Físico.

Comprende una meseta elevada y pedregosa, sembrada de lagos de agua dulce y salada, rodeada de varias cadenas de montañas que llegan hasta el borde marítimo, contribuyendo a formar un litoral accidentado. La del Ponto sigue las costas del Mar Negro y la del Antitauro y del Tauro corren en la región meridional.

Hidrografía.

Desde el punto de vista de la hidrografía, Asia Menor presenta muy poco desarrollo debido principalmente a los factores siguientes:

1. La distribución de las cordilleras paralelas a la costa.

2. La naturaleza pedregosa del suelo que atraviesan los ríos, lo cual contribuye a su curso sinuoso y difícil navegación.

3. La existencia de un sistema hidrográfico lacustre cerrado en el interior del país.

Sus ríos más importantes son los que arrojan sus aguas en el Mar Negro, y el curso superior del Tigris y del Éufrates.

Clima.

La configuración de la comarca se presta para una gran variedad climatérica, que en la meseta interior varía según la elevación y los vientos dominantes; cercano al Mar Negro predomina el frío y la humedad, a la par que en la costa meridional es benigno, seco y subtropical.

Aspecto Económico.

Mineralogía. Es rico en minerales, que son poco explotados. Abunda el carbón, cromo, zinc, cobre, etc. Antiguamente sus minas de plata atrajeron a los codiciosos asirios a elaborarla y más tarde los romanos explotaron aquella rica comarca.

Ganadería. La meseta central, aunque pedregosa, abunda en pastos que sirven para la cría del ganado, tanto caballar, como mular y lanar.

Agricultura. Debido a su diversidad de clima, los cultivos son múltiples, siendo los productos los típicos de un clima templado y subtropical.

Provincias.

Asia Menor se distinguió antiguamente por estar dividida en peque-ñas entidades. Los romanos en su reajuste político del territorio unie-ron varias provincias bajo un solo gobierno, dando a otros nuevos nombres, de modo que había cuatro entidades unidas bajo el nom-bre de «Asia», término que en el Nuevo Testamento nunca denota el continente entero, ni tampoco toda la península, sino las provincias litorales de Caria, Lidia, Misia y una parte de Frigia. Bitinia y Ponto formaron un gobierno. Como Galacia constituía un buen aliado de Roma se le otorgó el privilegio de auto-gobierno. A la muerte de su último rey, Aminto, su reino que se había ensanchado al S. durante su mandato para incluir una parte de Frigia, Pisidia y Licaonia, pasó a ser la Provincia Romana de Galacia, haciendo otros cambios terri-toriales poco antes del nacimiento de Cristo. En el tiempo de Pablo pues, el término Galacia se aplicaba tanto al original territorio galá-tico, como a la provincia romana de Galacia (Hechos 16:6 y 18:23).

Se enuncian las provincias según sus relaciones territoriales en 4 agrupaciones: 1. Las del Mediterráneo; 2. Del Mar Egeo; 3. Del Mar Negro; y, 4-Del Interior.

1. Provincias de Litoral del Mediterráneo.

a. *Licia,* al S. del monte Tauro y enfrente de la Isla de Rodas. Sus ciudades Pátara y Mira fueron lugares de las actividades de Pablo (Hechos 27:5) .

b. *Panfilia,* tenia a Cilicia al E. y a Licia al O., provincia que se distinguió por ser visitada dos veces por Pablo en su primer viaje misionero (Hechos 14:13).

c. *Cilicia,* situada entre el monte Tauro y el mar. Su capital Tarso era célebre por sus escuelas de filosofía que rivalizaban con las de Atenas y Alejandría (Hechos 6:9).

2. Provincias del Litoral del Mar Egeo.

a. *Misia,* era la más septentrional de las tres de esa región, separada de Europa por el Helesponto y el Propóntide. En Troas Pablo pudo avistar por vez primera los montes de Europa (Hechos 16:7-8).

b. *Lidia,* al S. de Misia, tenia a Filadelfia y Tiatira dentro de sus confines. Su ciudad principal, Éfeso, era metrópoli de Asia Menor y teatro de arduas labores evangélicas de Pablo (Hechos 16:14).

c. *Carla,* era la provincia meridional que no se menciona en la Historia Sagrada, aunque se hace referencia a su ciudades de Mileto y Gnido. (Hechos 20:15 y 27:7).

3. Provincias del Litoral del Mar Negro.

a. *Ponto,* situada en el lago NE. de la península. De ciertas citas bíblicas se desprende que algunos judíos procedentes de esta provincia se hallaban en Jerusalén en el día de Pentecostés (Hechos 2:9 y 1 Pedro 1:1).

b. *Paflagonia,* entre Ponto al E. y Bitinia al N., no se menciona en el Libro Sagrado.

c. *Bitinia,* era la provincia al NO. Limitaba por el O. con el Propóntide, o Mar de Mármara y por el S. con Misia y Frigia (Hechos 16:7 y 1 Pedro 1:1).

4. Provincias del Interior.

a. *Galacia,* cuyas fronteras se modificaban con frecuencia según los incidentes de la guerra, se hallaba enclavada entre Bitinia, **Capadocia,** Licaonia y Frigia. Tomóse este nombre del de los Galos o Gálatas, quienes habían conquistado este territorio por el año 300 a.C. (Hechos 16:6).

b. *Capadocia,* la provincia al SE. de Galacia, era la más grande de Asia Menor (Hechos 2:9).

c. *Licaonia,* no constituía esta una entidad política, sino simplemente un distrito de Galacia Meridional, encajada entre Capadocia, Cilicia, Pisidia y Frigia. En sus ciudades de Iconia, Listra y Derbe, Pablo fundo iglesias y sufrió persecuciones (Hechos 14:6).

d. *Pisidia,* relacionada políticamente con Panfilia, se hallaba al N. del Tauro entre Licaonia y Frigia. Antioquía, su ciudad principal, no debe confundirse con Antioquía de Siria (Hechos 14:24).

e. *Frigia.* Sus límites varían en diferentes épocas. En los tiempos apostólicos no existía como una entidad independiente, pues gran parte de su territorio pertenecía a la provincia de «Asia». Laodicea, Hierápolis y Colosas, todas escenarios de actividad evangélica, se encontraban en la parte S. de esta comarca (Hechos 16:6).

CAPÍTULO 18

La marcha del cristianismo al occidente

La marcha del cristianismo hacia el Occidente se inició con:
I. Los Viajes de Felipe y Pedro; pero el verdadero comienzo lo encontramos en: II. Los Viajes de Pablo.

Después de la Ascensión de Cristo, la Iglesia Cristiana se limitaba a Jerusalén y sus alrededores. Los creyentes no formaron un cuerpo distinto de los judíos, de cuyos prejuicios se libertaron lentamente.

Era evidente que Esteban, uno de los siete hombres elegidos por la iglesia a fin de socorrer a las viudas de los judíos extranjeros, tenía cierta comprensión del alcance de la doctrina de Cristo que no tenían los demás apóstoles en aquella época. Enseñaba que el cristianismo no podía ser limitado por el judaísmo, que el significado de las ordenanzas de Moisés se consumo en Cristo, y por consiguiente, éstas debían abolirse. Semejante enseñanza era intolerable para los judíos obcecados por el fanatismo y su creciente hostilidad hacia él culminó luego con su arresto. En el Sanedrín sus acusadores no pudiendo resistir sus irrefutables argumentos, arremetieron unánimes contra él y echándolo fuera de la ciudad, lo apedrearon.

La ola de persecución que suscitó la muerte de Esteban dio por resultado que el cristianismo recibiese poderoso impulso, pues los creyentes, obligados a descender de la Cordillera Central, se encaminaron hacia el Oeste, a la Llanura Marítima, anunciando las Buenas Nuevas en los pueblos donde se refugiaron, preparando así el campo para aquellos que como Felipe, iban a hacerse cargo de la obra evangélica en dichos lugares.

Más tarde, mediante las actividades de Pablo, el Evangelio se extendió mucho más todavía en dirección Oeste, al Asia Menor y a Europa, de donde fue llevado en postreras épocas a los confines de la tierra. Así inconscientemente, comenzó a cumplirse el último mandato de Jesús, que sus seguidores predicaran el Evangelio a toda criatura

I. Viajes de Felipe y Pedro

1. Lugares relacionados con el Viaje de Felipe (Hechos 8:5-40).

Felipe era uno de los siete griegos elegidos para la distribución de socorros a las viudas. Saliendo de Jerusalén durante la tempestad de persecución que se desencadenó sobre la iglesia de la referida ciudad a la muerte de Esteban, se dirigió a:

Samaria, donde tuvo un notable éxito entre los samaritanos. Cuando llegó la hora de ampliar la obra evangélica de la iglesia primitiva los samaritanos sirvieron de puente entre los judíos legítimos y los gentiles, pues al admitir a los creyentes de esa raza mixta en el seno de la iglesia, la puerta estaba abierta para dar la bienvenida a los paganos.

Se hallaba a 10 Kms. al NO. de Siquem y a 48 Kms. distante de Jerusalén, habiendo sido escogida por sus excelentes condiciones de defensa, situada como estaba sobre un cerro alto en medio de un fértil valle. Ciudad denunciada por los profetas repetidas veces, se vio sitiada al fin por los sirios y asirios en castigo de su degradante idolatría y corrompidas costumbres. Fue restaurada por los colonos cautivos, pero pasado un tiempo, Alejandro Magno la tomó y poco después Juan Hircano la demolió. Levantada nuevamente, Augusto César la cedió a Herodes, quien la embelleció, designándola con el nombre de Sebaste.

Después abrazó el cristianismo, pero al fin se cumplió la fatídica profecía de Miqueas 1:6 concerniente a aquel delincuente pueblo. La población nueva que se encuentra cerca de las ruinas de la antigua, llamada «Sebustiyeh», es de relativa importancia.

De Samaria Felipe fue impulsado por el Espíritu a un punto solitario en uno de los caminos poco frecuentados que hay entre Jerusalén y Gaza donde tuvo el memorable encuentro con el Etíope, Ministro de Hacienda de la reina Candace. Convertido al Evangelio, Felipe le bautizó y en seguida fue arrebatado por el Espíritu, hacia:

Azoto, población filistea cerca de 41/2 Kms. del mar, al N. de Gaza, mencionada en el Antiguo Testamento bajo el nombre de Asdod. Desde este lugar se fue a predicar el evangelio en muchas de las ciudades de la Llanura Marítima hasta llegar a Cesarea, ciudad en donde más tarde fijó su residencia por unos veinte años.

Lugares relacionados con el Viaje de Pedro (Hechos 9:32 a 11:18). Este viaje era corto pero de primordial importancia, puesto que señala el derrumbe de la pared de separación entre los judíos y los gentiles. Visitó las ciudades siguientes:

Lida, donde curó al paralítico, estaba situada en un hermoso terreno a unas cuantas millas al SE. de Jope. Mientras permanecía en aquel lugar murió una notable mujer en dicho puerto y los discípulos llamaron a Pedro, en la esperanza de que el poder de Dios se manifestara por medio de él en tan penosa situación. Accediendo a su deseo, el apóstol se encaminó para:

Jope, y en efecto pudo consolar a aquellos que lloraban la sensible pérdida ocurrida, resucitando a Dorcas.

Nos causa asombro de que los apóstoles no hubieran comprendido más pronto el significado del último mandato misionero de nuestro Salvador, «que sus discípulos predicasen el Evangelio a toda criatura». Aún después que los samaritanos creyeron el evangelio, que Felipe predicó en los pueblos filisteos, y que Saulo fue escogido para ser apóstol a los gentiles, y reconocido como tal por Pedro, la mayoría de los dirigentes del cristianismo se apegaron tenazmente a su ambición de cristianizar la iglesia judía, más bien que lanzarse al mundo pagano para evangelizarlo. Al fin, para vencer los prejuicios raciales de los apóstoles, Dios comunicó definitivamente a Pedro mediante una visión que tuvo en Jope, que el propósito divino era formar un nuevo pueblo compuesto de gentiles y judíos, que disfrutasen igualmente de la plenitud de la salvación. Luego Pedro admitió públicamente en:

Cesarea, a Cornelio, centurión romano, como miembro de la iglesia cristiana, acontecimiento que marcó una nueva era en la historia del cristianismo.

II. Viajes de Pablo

1. De Tarso a Antioquía; 2. Al Asia Menor, vía Chipre; 3. A Europa, vía Asia Menor; 4. A Éfeso; y, 5. A Roma.

1. Viaje de Tarso a Antioquía (Hechos 11:26-30; 12:25).

Tan pronto como el evento citado arriba aconteció, el campo estuvo listo para la gran obra a la cual fue llamado Pablo, pues en la fervorosa labor que se hizo allí en Antioquía entre los judíos de habla griega, (o como algunos creen entre los mismos griegos), mediante las actividades de los creyentes ciprios y cirineses arrojados de Jerusalén durante la persecución, fue copiosamente bendecida, surgiendo espontáneamente un gran avivamiento evangélico, cuya fama llegó a oídos de la iglesia de Jerusalén, los dirigentes de la cual enviaron a Bernabé para investigar el movimiento. Él se convenció que era de Dios y lo apoyó. Debido al rápido progreso de la obra fue menester buscar quien ayudara a Bernabé, y se creyó que Pablo, poseedor de dones excepcionales, fuese el hombre idóneo para colaborar en la dirección de la nueva iglesia.

Pablo aparece en las Páginas Sagradas por primera vez en la narración del martirio de Esteban, después del cual se distinguió sobre todos sus correligionarios en la persecución de los creyentes en Jerusalén. En su celo para exterminar la «herejía cristiana» fuera de la capital, se dirigió a Damasco, ciudad de Siria, para contrarrestar el movimiento misionero en aquella ciudad, pero en el camino se convirtió al mismo Evangelio el cual procuraba destruir tan enérgicamente. En seguida partió para Arabia (término indefinido y de variable significado, que en este caso puede referirse al Desierto de las Peregrinaciones, o con más probabilidad a la región desierta que colinda con Siria) con el fin de reajustar sus ideas como preparación para la misión que le esperaba.

Después del período de retiro de unos tres años en Arabia volvió a Damasco, pero muy en breve se vio en la necesidad de huir de la ciudad, pues los judíos conspiraron para asesinarlo. Llegando poco después a Jerusalén, encontró que los mismos elementos entre los judíos que lograron la muerte de Esteban no querían recibir su testimonio, y nuevamente dándose cuenta de que su vida corría peligro se apresuró a salir de la capital, y descendiendo al puerto de Cesarea se embarcó en una nave rumbo a Tarso, lugar en que se dedicó a extender el cristianismo durante algunos años (Gálatas 1:16-18).

Bernabé pues se dirigió a:

Tarso, ciudad de Cilicia y patria de Pablo, que era además la sede de una universidad renombrada, situada sobre el río Cidno, a unos 20 Kms. del mar. El apóstol aceptó gozoso la propuesta que se le hizo de abandonar su aislamiento para emprender una obra de mayores proporciones, y en seguida viajaron juntos con destino a:

Antioquía, donde la obra evangélica llegó a responder a sus esfuerzos, pues en breve esta ciudad vino a ser el centro del movimiento expansivo de la iglesia en lugar de Jerusalén. Era Antioquía ciudad griega y metrópoli de Siria, situada en la orilla meridional del Orontes, a una distancia de 25 Kms. de su desembocadura. Figuraba como la tercera ciudad del Imperio Romano, inferior solo a Roma y a Alejandría.

2. Lugares relacionados con el Viaje a Asia Menor, vía Chipre
(Hechos 13:4 a 14:27).

Con los viajes de Pablo se llegó a una nueva y trascendental época en la historia del cristianismo. Se ha hecho referencia ya de que Pablo había ayudado a Bernabé a consolidar la obra en la iglesia de Antioquía, después de lo cual los miembros de dicha iglesia, guiados divinamente comisionaron a estos dos mencionados pastores para que fueran a propagar las Buenas Nuevas al mundo gentil. El punto de partida de su memorable viaje lo constituyó:

Antioquía. Pablo (con Bernabé), descendió los montes del interior, rumbo a:

Seleucia, puerto marítimo de Antioquía en la boca del río Orontes y a 25 Kms. de dicha ciudad en donde se embarcó para la isla de:

Chipre, posesión inglesa al NE. del Mar Mediterráneo, dista unos 64 Kms. de la costa de Cilicia. Se la disputaron largo tiempo los reyes de Egipto y Siria: más tarde en su historia fue dominada

Lugares del ministerio de San Pablo

Viajes de Pablo
- - - → Primero
------ → Segundo
——→ Tercero
——→ Cuarto

ITALIA
Roma
Puteoli
Regio
Sicilia
Siracusa
Malta

ILIRIA
Mar Adriático
DALMACIA
MOESIA

GRECIA
Nicópolis
ACAYA
Anfípolis
Tesalónica
Berea Apolonia
Atenas
Corinto
Cencreas

Fénix
Buenos Puertos
Cauda

Mar

Cirene
LIBIA

ÁFRICA

0   100   200   300 km

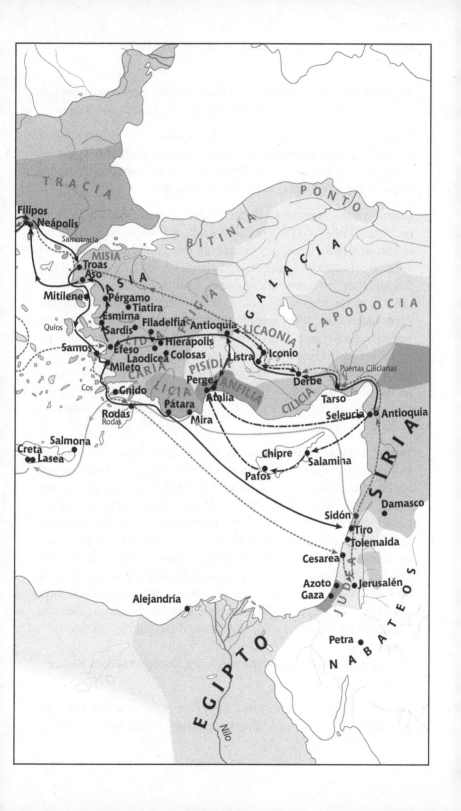

de poder fundar una iglesia cristiana, e instruir a los creyentes en la práctica del Evangelio. El siguiente centro de sus operaciones fue:

Iconio a 96 Kms. en dirección E. de Antioquía, en el camino real romano que unía Éfeso con Tarso, Antioquía, y el Oriente, lugar estratégico para la difusión del Evangelio. Siendo expulsado después de un tiempo de intensa actividad, se dirigió a:

Listra, colonia romana en la parte oriental de Licaonia, a 35 Kms. de Iconio. Habiendo curado Pablo a un cojo, los hombres de Listra quisieron tributarle culto, y solamente con gran dificultad pudo el apóstol persuadirles para que desistieran de sus intenciones. Poco después hubo un repentino cambio de sentimiento entre aquellos rudos e inconstante paganos, pues a instigaciones de algunos perseguidores judíos que habían seguido a Pablo desde Iconio, le apedrearon y arrastrándolo fuera de la ciudad lo dejaron aparentemente muerto.

Pareció que la obra había recibido una completa derrota en este lugar, pero el pequeño grupo de discípulos que rodeó el cuerpo molido del apóstol, formó luego el núcleo de la primera iglesia cristiana de Listra; además, Pablo, con una ayuda milagrosa pudo salir al día siguiente para:

Derbe, distante unos 32 Kms. de Listra, donde tuvo libertad para reanudar sus labores misioneras. El viaje por mar y tierra ocupo quizás unos dos o tres años. De Derbe era fácil regresar a Tarso por vía de las «Puertas de Cilicia», y de allí a Antioquía, pero Pablo, cuyo entusiasmo nunca flaqueó, prefirió volver por el camino por donde había ido, para visitar y confirmar a los recién convertidos en la fe, además de establecer iglesias en otros centros de Pisidia, Panfilia y Atalia, este último, puerto de Panfilia a 26 Kms. distante de Perge. De Atalia siguió viaje directo a Antioquía de Siria cuya iglesia recibió mucha inspiración al oír la historia de los triunfos del evangelio mediante los esfuerzos de sus distinguidos misioneros.

3. Lugares Relacionados con el Viaje a Europa vía Asia Menor
(Hechos 15:36 a 18:22).

Después de un breve descanso, Pablo emprendió su segundo viaje, siendo su objeto inmediato confirmar las iglesias que había sucesivamente por los venecianos y los turcos. Hoy es famosa por su riqueza agrícola y mineral. Su primer estacionamiento en la isla fue:

Salamina, ciudad marítima en la costa oriental de Chipre y lugar residencial de muchos judíos, puesto que en ella se sostenía más de una sinagoga. Atravesó la isla de E. a 0. sin dejar de predicar en sus poblaciones, hasta encontrarse en:

Pafo, que era la capital y a la vez residencia del Procónsul, título que se confería al gobernador de provincia, nombrado por el Senado Romano.

La ciudad, sumergida en la más abyecta superstición, estaba consagrada a Venus, diosa del amor, cuyo culto se caracterizaba por el libertinaje y la depravación. Aquí Bar-jesús, obrador de sortilegios fue reducido a la vergüenza al oponerse a las enseñanzas de Pablo, y Sergio Paulo se convirtió al Evangelio, haciendo así posible la fundación en la ciudad de una iglesia cristiana en oposición al templo griego.

Navegó después en dirección NO. para llegar a Panfilia, en la costa de Asia Menor. Ascendiendo el río Cestro hizo alto en la ciudad griega de:

Perge, a 13 Kms. del mar, cuyos habitantes eran devotos al culto de la diosa Diana. De aquí se podían vislumbrar las cimas del Tauro que había de penetrar por estrechos desfiladeros en que se precipitan impetuosas corrientes, atravesadas por débiles puentecitos, donde las pandillas de bandoleros que velaban para prender a los viajeros, tenían sus escondites. Más allá del país, que se distingue por sus terrenos pedregosos y lagos solitarios, se hallaban poblaciones insubyugables e incultas, que se aferraban a sus creencias religiosas. Parece que ante semejante situación, Juan Marcos se acobardó y desertó de la expedición, dejando al esforzado misionero proseguir adelante, hacia la ciudad en el interior que se llamaba:

Antioquía de Pisidia, para distinguirla de Antioquía de Siria. Era capital de la provincia y gran centro comercial. Pablo fue arrojado de esta ciudad mediante el apoyo de las autoridades, pero no antes establecido en el viaje anterior. No tuvo idea de la magnitud que había de asumir este viaje en la providencia de Dios, cuya resultante fue el establecimiento del cristianismo en Europa.

Las etapas de este viaje fueron: a.-Su Itinerario en Asia; b.-Su Itinerario en Europa; y, c.-Su Itinerario de Regreso.

a. *Itinerario en Asia* (Hechos 15:41 a 16:8).

Pablo no quiso incorporar nuevamente a Juan Marcos en la empresa de evangelización y el desacuerdo que esto produjo tuvo como resultado la separación del apóstol y Bernabé. Por segunda vez el punto de partida fue:

Antioquía, de donde en compañía de Silas, Pablo se dirigió a:

Siria, para visitar los grupos anteriormente formados en la fe, finalizado lo cual pasó de frente a:

Cilicia, cuya capital era Tarso, ciudad natal de Pablo. Es probable que las iglesias de esta región se originaran en el período en que el apóstol residía en Tarso, antes de que Bernabé le solicitara su ayuda para regir la iglesia de Antioquía. Viajando hacia el monte Tauro el lindero septentrional de la provincia, y cruzando la cordillera por las «Puertas de Cilicia» llegó a la gran llanura de Licaonia. Hizo alto en:

Derbe y Listra. En Listra encontró establecida una iglesia floreciente, fruto de sus labores anteriores, punto en que quedo cumplido el primer objeto de su viaje. Después de breve estadía se dirigió a:

Frigia. Quizá se refiere ésta a una gira por la región evangelizada en su viaje anterior, visitando nuevamente Iconio, Antioquía de Pisidia, etc.

Galacia, fue el siguiente lugar visitado por Pablo, pero no tenemos datos acerca de sus labores en esta provincia.

El ardiente deseo del apóstol de propagar el Evangelio en territorio nuevo, le impulsó a extender su misión al Asia Proconsular, y a las provincias al N, pero Dios le indico claramente que estos lugares le estaban cerrados en aquel tiempo. Marchándose luego en dirección 0. llegó a:

Troas, ciudad marítima de Misia, en la costa del Mar Egeo a corta distancia de la antigua Troya, donde por medio de una visión celestial Pablo llegó a saber que el intento divino era que se dirigiera a Europa. Al embarcarse para las playas del Mundo Occidental, se dio principio a un nuevo capítulo en la historia de la iglesia cristiana.

b. *Itinerario en Europa* (Hechos 16:12 a 18:18).

Todos los lugares mencionados en esta etapa del viaje se hallaban en las dos provincias de Macedonia y Grecia.

Macedonia, era la provincia al N. de Grecia, limitada al E. por Tracia y el Mar Egeo, al N. por los montes Balcánicos, y al 0. por la Cordillera del Pindo. Su territorio lo integran dos grandes llanuras regadas por los ríos Axius, cerca de Tesalónica, y Strimón, cerca de Apolonia. Entre estos dos ríos se proyecta una península con tres promontorios, atravesada por un buen camino romano. Sus montes más célebres eran el Olimpo, famoso en la mitología pagana como residencia de los dioses, y Atos, en uno de los promontorios que se internan en el Mar Egeo.

La historia de Europa comienza con el auge de Grecia allá por el siglo quinto cuando las ciudades griegas se unieron para oponer una resistencia tenaz a la invasión de los persas. Grecia pudo desbaratar los ataques sucesivos de las hordas persas, pero no logró una verdadera unidad política hasta el tiempo de Felipe de Macedonia (359-356 a.C.). Este príncipe, después de haber reorganizado el gobierno y la administración de Macedonia, creó un poderoso ejército y sometió a su obediencia a los múltiples estados de Grecia. Su hijo Alejandro Magno (336-323 a.C.) la convirtió en la primera potencia mundial de su época. En 142 a.C. fue conquistada por los romanos, quienes la dividieron en 4 secciones cuyas capitales eran Anfípolis, Tesalónica, Pella (ciudad natal de Alejandro) y Pelagonia.

Acaya, era el nombre con que los romanos denominaban a Grecia, comarca pequeña que ha ejercido una influencia fuera de toda proporción a su tamaño, y que ha sido trascendental para la historia subsecuente de Europa y del mundo entero.

De clima sano y benigno, forma una región muy accidentada, cruzada por numerosas sierras, peladas y rocosas, que proyectan largas y estrechas penínsulas mar adentro, formando golfos que penetran hasta el corazón del país. Grecia es esencialmente agrícola, aunque solo una tercera parte de su terreno se presta para los cultivos. Su subsuelo encierra importantes yacimientos minerales explotados con éxito en los últimos años.

De Troas Pablo navegó en línea recta a la isla rocallosa de:

Samotracia, donde ancló la nave. Se halla en la parte NE. del Mar Egeo y a 32 Kms. al S. de la costa de Tracia. La mañana siguiente tocó en:

Neápolis, ciudad marítima de Macedonia, y el primer paradero de Pablo en Europa. No se detuvo en el puerto sino que partió enseguida para:

Filipos, el punto inicial de su obra evangélica en Europa. Se hallaba ubicada en Macedonia oriental y cerca de la frontera de Tracia. Fue colonia romana. Los romanos, después de conquistar un país que creían tener necesidad de vigilancia, enviaban un contingente de veteranos que formaban una guarnición permanente. A esto llamaban una «Colonia». Los colonos seguían siendo ciudadanos romanos y tenían derecho a votar en Roma en las Asambleas. Estos soldados que gozaban de los privilegios y derechos de la ciudadanía romana, difundían el idioma y las costumbres romanas, a la vez que resguardaban el orden entre los pueblos conquistados, impidiendo todo movimiento de tendencia subversiva. Después constituyó:

Anfípolis, a 50 Kms. al SO. de Filipos el siguiente lugar visitado por Pablo, pero no habiendo una sinagoga en la ciudad no se detuvo allí, y enseguida pasó por:

Apolonia, ciudad de Macedonia a cosa de 48 Kms. distante de Anfípolis, en donde Pablo se quedó un día. La mañana siguiente emprendió la larga jornada de 64 Kms. a pie hasta:

Tesalónica, ciudad de muchos recuerdos históricos, fue a la vez gran centro comercial y base militar, admirablemente ubicada para la difusión del Evangelio, tanto por tierra como por mar, situada como estaba sobre el Golfo Termaico y en la Vía Egnatia que unía a Roma con toda la región septentrional del Mar Egeo.

Aquí Pablo fundó una iglesia compuesta en su mayor parte de gentiles, pero los judíos fanáticos provocados por el éxito alcanzado por el apóstol, recurrieron a la violencia que ocasionó su huida de noche a:

Berea, situada a 80 Kms. al SO. de Tesalónica en la falda oriental del Olimpo. Fue aquí que Pablo tuvo el gozo de ver el Evangelio aceptado con prontitud. Luego dejó tras si las nevadas cumbres de dicha cordillera, siendo su destino la verdadera Grecia, centro de genio y de renombre.

Atenas, pues, constituyó su siguiente esfera de actividad. Era capital de Atica, uno de los estados griegos, situada en el golfo de Salónica a unos 8 Kms. distante del mar y a 74 Kms. al E. de Corinto. Su puerto, Pireo, estaba conectado con la capital por anchas y largas murallas.

La ciudad surgió alrededor de la colina rocallosa, el Acrópolis, coronada por el Partenón, el más notable triunfo de la arquitectura griega. Con el correr del tiempo incluía otras colinas de menor elevación y valles interpuestos al lado NE. del Golfo de Egina. El Areópago, peñón elevado situado al frente del extremo occidental del Acrópolis fue el lugar donde Pablo dirigió su famoso discurso de carácter filosófico al cultismo público ateniense. Era en aquel entonces la residencia de la Suprema Corte de Atenas.

En su edad de oro, Atenas era el centro literario y cultural del mundo civilizado. Allí la inteligencia humana se había destacado con un resplandor que no se ha igualado nunca en ningún otro sitio. Sin embargo, su orgullo intelectual, unido a la corrupción de costumbres características de sus habitantes de aquella época, lo hicieron extremadamente difícil para que acogiera el cristianismo como prueba el que la predicación de Pablo no despertó ninguna oposición ni fue recibida con entusiasmo. Semejante manifestación de frío desdén infundió el desaliento en el corazón del apóstol y causó su salida intempestiva de la ciudad, para dirigirse a otro gran centro estratégico para la expansión del Evangelio, a saber:

Corinto, distante unos 72 Kms. de Atenas, ubicado en el dintel de entrada al estrecho istmo el cual unía la península de Peloponeso con el continente. En tiempo de Pablo fue metrópoli comercial y política de Grecia, pero andando el tiempo, esta grande y opulenta ciudad llegó a ser muy lujuriosa, habiendo fomentado sus riquezas la ostentación y el vicio en sus formas más repugnantes.

En Corinto reinaba el espíritu de los atenienses, pues los corintios eran también grandes polemistas, llenos de orgullo intelectual, por lo que Pablo temía una recepción semejante a la de Atenas. En esta crisis penosa fue visitado por una visión de lo alto, la cual le reanimó; luego, los obstáculos que le parecían casi insuperables para la recepción de las «Buenas Nuevas» comenzaron a desaparecer. Fue rota la oposición que levantaron los judíos con malignidad mayor de lo usual, de modo que el invencible apóstol pudo formar una de sus más interesantes iglesias, ganándose la vida en aquel lugar con la fabricación de tiendas.

c. *Itinerario de Regreso* (Hechos 18:18-22).

Cencreas, figura simplemente en las Escrituras como el lugar de donde partió Pablo en su viaje de regreso. Fue uno de los puertos de Corinto e importante centro comercial en el lado oriental del istmo a 13 Kms. al E. de dicha ciudad. Según Romanos 16:1 había allí una iglesia cristiana. Luego navegó en dirección E. a través del Mar Egeo a la renombrada ciudad de:

Éfeso, metrópoli de Asia Proconsular, en la provincia de Lidia, cerca de la desembocadura del Cayster, entre Mileto hacia el S. y Esmirna en el N. Naves de todas partes del mundo hacían escala en su amplio puerto. Su magnífico templo, consagrado a la diosa Diana, su teatro y su hipódromo, eran de gran fama en toda Asia.

En este lugar Pablo se despidió de Aquila y Priscila, quienes le habían acompañado en su viaje desde Corinto. Ayudados estos consagrados obreros por el elocuente Apolos, a quien habían instruido más a fondo en la verdad del Evangelio, prepararon viaje a Éfeso. Pablo por su parte se dio a la vela con dirección a:

Cesarea, donde arribó después de algunos días de viaje. Escalando los montes al interior pronto se encontró en:

Jerusalén Aquí tuvo el gozo de saludar a los hermanos en la fe, pasando luego a la iglesia de:

Antioquía, cuyos miembros le dieron una calurosa bienvenida.

4. Lugares relacionados con el Viaje a Éfeso y a Macedonia (Hechos 18:23 a 21:8).

A pesar de las iglesias que fundó, de los convertidos que congregó, de los milagros que obró y de las innumerables pruebas que soportó, Pablo no estaba dispuesto a dormir sobre sus laureles, y después de un breve descanso emprendió su tercer viaje, las etapas del cual se señalan en: a. Su Itinerario de Ida; b. Su Itinerario de Regreso.

   a. *Itinerario de Ida* (Hechos 18:23-20:3).

Antioquía, fue por tercera vez el punto de partida. Bajó a Seleucia como en el viaje anterior y navegando a Tarso siguió de frente por las «Puertas de Cilicia», siendo sus primeros estacionamientos:

Galacia y Frigia, lugares en que visitó las iglesias ya formadas. Las Escrituras no proporcionan detalles de sus actividades en dichos lugares. Descendiendo las alturas del interior del país llegó en breve a:

Éfeso, para evangelizar desde este centro toda la provincia Proconsular de Asia, conectando así sus campañas llevadas a cabo en sus viajes anteriores, es decir, las de Asia Menor, con las de las Provincias de Grecia. Durante su permanencia de casi tres años en esta ciudad se fundaron algunas de las «Siete Iglesias de Asia».

La oposición de los judíos ortodoxos causada por el éxito de Pablo era tan persistente que peligraba la causa evangélica. Frente a esta situación Pablo inició el movimiento de separar a los seguidores de Cristo de la Sinagoga. Más tarde, los plateros temiendo una disminución en la venta de imágenes de Diana, organizaron una reyerta en la que se vio envuelto el mismo apóstol. A raíz de este incidente Pablo tuvo que abandonar la ciudad, pero no antes de ver firmemente establecida una iglesia. Su siguiente estadía fue:

Troas. Mientras esperaba allí la llegada de Tito, con nuevas de las iglesia de Corinto, aprovechó de las oportunidades que se le presentaron para dar impulso a la obra misionera. Como las esperadas noticias tardaron mucho en llegar, Pablo emprendió nuevamente un viaje de Asia a Europa (2 Corintios 2:12-13), haciendo alto en:

Macedonia. Es probable que hubiera visitado en esta ocasión a Filipos, Tesalónica Berea e Ilírico, provincia esta sobre el mar Adriático, al O. de Macedonia (Romanos 15:19). Pero este es el último punto mencionado en su itinerario.

b. *Itinerario de Regreso* (Hechos 20:6 a 21:17).

Emprendió viaje a Jerusalén, pues estaba ansioso de estar en la capital a tiempo para la celebración de la Fiesta de Pentecostés. Por razones desconocidas no siguió la ruta directa sino que viajó a pie por Grecia y Macedonia. El siguiente estacionamiento lo constituyó:

Filipos, lugar memorable en las Sagradas Páginas entre otras cosas por las visitas de Pablo en distintas ocasiones. Atravesando luego el Mar Egeo, arribó a:

Troas, teatro del estupendo milagro de la resurrección de Eutico. Pasada una semana, recorrió a pie la distancia de 31 Kms. que hay entre la expresada población y:

Asón, ciudad marítima del Mar Egeo. Aquí se embarcó Pablo, y en seguida la nave zarpó del puerto. Poco después en:

Mitelene, capital de la isla de Lesbos, la nave echó anclas ya la mañana siguiente partió para:

Chios, isla montañosa del Mar Egeo, con risueños valles y clima agradable, distante de Asia unos 8 Kms. Figura como el lugar natal de Homero.

Habiendo pernoctado allí, navego la mañana siguiente hacia:

Samos, también isla del Mar Egeo, no muy distante de la costa occidental del Asia Menor y consagrada al culto de Juno. Apenas tocó la isleta haciéndose inmediatamente a la mar con rumbo a:

Trogilio, nombre de un pueblo y un promontorio en la costa de Asia Menor. La nave acoderó en un lugar llamado en la actualidad «Puerto de San Pablo» y al amanecer fue despachado con destino a:

Mileto, ubicado sobre la desembocadura del río Meander a 58 Kms. al S. de Éfeso. Mientras esperaba el barco en la bahía. Pablo hizo llamar a los ancianos de la iglesia de Éfeso la cual distaba 48 Kms. y les dirigió un conmovedor mensaje, dándose a la vela después hacia la isla de:

Coos, entre Mileto y Rodas, cercano al ángulo saliente de Asia Menor. Los arqueólogos han descubierto que había allí en fecha antiquísima florecientes escuelas de medicina. Dentro de poco tiempo tomó puerto en:

Rodas, isla famosa tanto en la historia antigua como en la moderna, situada en el SO. de Asia Menor, cerca de Caria. De clima delicioso y de bellos panoramas, pertenecía antiguamente a Atenas, luego a Roma para formar con otras islas una provincia marítima romana. Su posición geográfica la afianzaba para que fuese el empalme de importantes rutas marítimas. Llegó a ser serio rival en comercio de Alejandría y Cartago. Alzábase majestuosamente a la entrada del Golfo de Rodas, el famoso coloso, un inmenso faro en forma de una estatua de Apolo que constituía en su tiempo una de las siete maravillas del mundo. Fue erigido entre los años 300 y 288 a.C., ya derribado por un terremoto cuando Pablo visitó la Isla. Por entre sus piernas pasaban los barcos. Navegando de frente pronto arribó a:

Pátara. Puerto de la provincia de Licia, en frente de Rodas, en donde la nave concluyó su itinerario. Pablo se embarcó nuevamente aquí para Fenicia, haciendo escala en:

Tiro, el emporio más célebre del país arriba citado y ciudad de gran antigüedad, pues se cree que existía ya en 2750 a.C. Según las referencias históricas Fenicia era tributaria de Egipto cuando este país se hallaba en el cenit de su poder, pero con el decaimiento de este, los fenicios se independizaron, estableciendo una serie de gobiernos autónomos siendo Sidón la ciudad principal de este grupo, pero muy en breve Tiro adquirió mayor importancia. En el siglo 9 a.C. una colonia de Tiro fundó Cartago, que llegó a ser rival formidable de Roma. Los tirios hicieron afluir a su opulenta ciudad productos del mundo entero, tanto por tierra, como por medio de las caravanas que pusieron en comunicación desde el Oriente hasta el Occidente.

Sufrió mucho por las vicisitudes de las invasiones extranjeras, habiendo sido sitiada, saqueada, incendiada y destruida repetidas veces. Finalmente las profecías lanzadas contra ella por el profeta Ezequiel se cumplieron. Su antigua gloria ya ha pasado para siempre, y hoy no es más que un pobre caserío (Ezequiel 28:1-20).

Pablo tuvo el gozo de ver establecida en esta ciudad una iglesia fundada quizá por Felipe. Luego, levantadas las anclas navegó en línea recta hacia:

Tolemaida, llamada Aco en el A.T., Tolomaida en el N.T., Acre, en el tiempo de los cruzados, y Akka, en los días actuales, es un pueblecito situado sobre un pequeño promontorio de la costa de Palestina, que domina la bahía del mismo nombre. En la época de Cristo había acrecentado políticamente su importancia como puerto-llave de Galilea. En el siguiente paradero:

Cesarea, a 38 Kms. al S. del Carmelo, fue albergado en casa de Felipe. Era antiguamente un pueblecito llamado Torre de Strato, célebre por Herodes el Grande, quien lo transformó en un puerto de mar, mediante la construcción de un gran dique semi-circular, además de embellecerlo con costosos edificios, designándolo con el nombre de Cesarea, en honor de su patrón Augusto César. Constituyó el asiento del poder romano mientras Judea fue gobernada como provincia del Imperio. De Cesarea prosiguió a:

Jerusalén, de donde iba a salir, más adelante como «prisionero del Señor».

5. Lugares relacionados con el Viaje a Roma

(Hechos 23:31-33; y 27 a 28:16).

Era la fiesta de Pentecostés cuando llegó a Jerusalén al concluir el tercer viaje misionero. Algunos judíos enemigos inveterados de Pablo habían llegado también a la capital para la fiesta, cuyo odio contra él había sido refrenado por largo tiempo en las provincias romanas de su residencia, por la atinada administración de las autoridades imperiales; pero hallándose ahora con él en el templo, su cólera y fanatismo se desbordaron por completo y solamente la oportuna intervención de los soldados romanos le salvó de una muerte segura. En el proceso judicial subsecuente, Pablo, dándose cuenta de la imposibilidad de conseguir justicia en la provincia, apeló a César y fue remitido más tarde a Roma en calidad de prisionero. De:

Jerusalén, comenzó su último viaje al Occidente. La causa inmediata de su salida de la capital fue el informe recibido por el oficial que tenía a su mando la Torre de Antonia, que una turba de judíos fanáticos hicieron voto so pena de maldición para arrebatar al misionero de entre las espadas romanas para asesinarle. Pablo pues fue trasladado a:

Antípatris, escoltado por una guardia poderosa. Esta población, situada a 42 Kms. al SE. de Cesarea, en el borde de la llanura de Sarón, fue fundada por Herodes el Grande. De allí fue remitido a:

Cesarea, donde permaneció en prisión por dos años, al cabo de los cuales partió para Roma, tocando a su paso en la primera etapa del viaje, la ciudad de:

Sidón, cuya situación geográfica en la costa mediterránea favorecía grandemente a su civilización y su vasto comercio, tanto por mar como por tierra. Hoy es una pequeña ciudad de 500 habitantes, denominada Seida.

Debido a los vientos contrarios que soplaban a la sazón la nave fue llevada al N. de la isla de Chipre, navegando luego con dirección al 0. por la mar que baña las costas de las provincias de Cilicia y Panfilia hasta echar anclas en:

Mira, puerto de Licia, en Asia Menor, donde encontró una nave fletada para Italia, a la que fue trasladado Pablo y en la cual continuó su viaje pese a los desfavorables vientos reinantes. Imposibilitado de tocar en Gnido, puerto de la provincia de Caria, entre las islas de Rodas y Coos, viró la nave hacia la isla de Creta, que se halla a la entrada del mar Egeo, y bordeándola continuamente pudo pasar por su lado oriental, junto al cabo de Salmón, y de allí se encaminó al 0. Con dificultad hizo escala en:

Buenos Puertos, puerto de la isla de Creta, donde ancló la embarcación en espera de un cambio favorable del tiempo. Puesto que Buenos Puertos estaba expuesto a los vientos y a las marejadas del S. se esforzó en ganar Fenicia para invernar allí, puerto este, en el extremo SO. de la isla. En oposición al consejo de Pablo se dio a la vela, pero sin lograr su propósito debido a un repentino viento tempestuoso llamado por los antiguos «Euroclidón» que soplaba de E. NE. (hoy conocido como viento de

«Levante»). A pesar del rigor del temporal se pudo alzar a bordo el esquife que traía a remolque, al correr a sotavento de la isla de Clauda, cerca de la playa SO. de Creta, hecho lo cual, pasaron cables alrededor del casco del barco con el fin de reforzarlo contra los golpes del mar.

Luego los tripulantes tuvieron que poner todo su empeño para no dar con las Sirtes, nombre de dos golfos arenosos de la costa N. de África, es decir, la Sirte Mayor en la costa de Trípoli al SO. de Creta,y la Sirte Menor, al SO. de Malta, en la costa de Túnez, cuyos peligrosos bajíos y traicioneras corrientes hacían que los antiguos navegantes temieran encallar en ellas.

Durante 14 días y noches, la nave que no podía mantener el derrotero deseado contra el embravecido mar, fue llevada a merced del huracán unos 800 Kms. en dirección O., naufragando finalmente en la bahía del lado NE. de la isla rocallosa de:

Melita, ahora Malta, que se halla al S. de Sicilia. En la actualidad la expresada bahía lleva el nombre de San Pablo. En un tiempo remoto los fenicios se apoderaron de la isla. Más tarde en su historia estuvo sucesivamente sujeta a los griegos, los cartaginese de Sicilia y a los romanos Finalmente, después de muchos cambios de gobierno llegó a ser posesión inglesa en 1814 d.C.

Luego de invernar en Melita, en donde los indígenas se mostraron muy compasivos y generosos para con los náufragos, Pablo se embarcó en un buque de Alejandría en el cual continuó el viaje hasta:

Siracusa, el primer punto de escala en el viaje de Melita a Roma, en la playa oriental de Sicilia. Constituyó:

Regio, en la extremidad SE. de la península itálica, el lugar en donde tomó puerto después. El «Austro», viento sur, favorecía su pronta llegada a:

Puteoli, punto en que terminó el largo y peligroso viaje. Era este uno de los puertos principales de Italia, distante de Nápoles unos 13 Kms.

Le infundió aliento el encontrarse con algunos cristianos en aquel lugar con quienes pasó una semana. Pablo se aproximaba a Roma por la Vía Apia, el gran camino real por donde entraban los viajeros del Oriente a la capital. Sus últimos paraderos fueron:

La Plaza de Apio y Las Tres Tabernas, a 69 y 53 Kms respectivamente de Roma. Ansiaba por largo tiempo el incansable apóstol plantar el estandarte del Evangelio en la orgullosa capital del mundo, pero quizá nunca soñó en acercarse a ella en la condición abyecta en que se hallaba: prisionero, encadenado, solo y sin amigos. Pero habiéndose encontrado en los referidos lugares con algunos hermanos que habían salido de Roma a recibirle y darle la bienvenida, regocijó su espíritu, y cobrando nuevo ánimo siguió de frente con paso firme, en la seguridad de que su estadía en Roma, a pesar de sus cadenas, implicaría un triunfo para el Evangelio.

Roma, ciudad que por muchos siglos fue la capital política y cultural del mundo, y actualmente capital de Italia se halla a orillas del río Tiber a unos 24 Kms. de su desembocadura; notable por la magnificencia de sus monumentos y por sus obras de arte.

En la época del encarcelamiento de Pablo, Roma se jactaba por tener más de un millón de habitantes, la mitad de los cuales se componía de esclavos y dos terceras partes de los restantes eran ciudadanos pobres que vivían de la ración de víveres que les proporcionaba el Estado.

Pablo fue detenido dos años en Roma durante los cuales vivía cerca del cuartel Pretoriano al NE. de la ciudad. Su prisión fue de carácter más suave y ligero, pues se le concedió el privilegio de alquilar una casa en donde a pesar de la molestia intolerable de la compañía constante del soldado de la guardia imperial que tenia la responsabilidad de él, pudo suministrar sus valiosos consejos a todos cuantos se los solicitaran; además, el descanso forzado de ese

período le proporcionó el reposo necesario para escribir las epístolas a los Efesios, Filipenses, Colosenses y Filemón.

Cuando después de larga espera, se escuchó su apelación en las
cortes, fue absuelto y puesto en libertad.

Lugares relacionados con los Viajes subsiguientes de Pablo

La incertidumbre cubre el período posterior a su absolución hasta
su nuevo encarcelamiento, imposibilitándolo a seguir con certeza
sus movimientos. Sin embargo, hay citas en las epístolas pastorales
que indican que asumió de nuevo su antiguo trabajo de visitar las
iglesias ya establecidas y formar y organizar otras nuevas. El itinerario que se ofrece abajo es sencillamente materia de conjetura.

Colosas, seria nuevamente su campo de trabajo, después de su encarcelamiento en Roma, según su promesa en Filemón 22. Era una
ciudad de Frigia, en Asia Menor ubicada sobre el río Lycos no muy
al E. de su confluencia con el Meander. Antiguamente era un lugar
de mucha importancia pues se hallaba en la ruta de comercio del
Occidente al Oriente, pero cambiándose dicha ruta más tarde, cedió su importancia a Laodicea e Hierápolis. Aquí se había formado
una iglesia mediante las labores de Epafras y Arquipo.

Filipos. De Filipenses 2:24 se desprende que tenía la intención de
ir a dicho lugar tan pronto fuese terminado el proceso. En este viaje
habría inspeccionado indudablemente las iglesias de Macedonia.

Nicópolis, mencionada por primera vez en el N. T. como lugar de
los trabajos de Pablo después de la prisión que sufrió en Roma. En
el mundo antiguo varias ciudades llevaban este mismo nombre, de
modo que no se puede afirmar con certeza cuál de ellas recibió la
visita del apóstol, aunque se supone que la referencia es a Nicópolis,
en Epiro, comarca griega en el litoral del Mar Adriático al SO. de
Macedonia (Tito 3:12).

Mileto y Creta. En Creta parece que Pablo tenía algunos planes
proyectados para el adelanto de la obra, pero tuvo que salir de la
isla antes de ver realizados estos, dejando la administración de la

iglesia en manos de Tito (Tito 1:5). En Mileto dejó enfermo a su compañero (2 Timoteo 4:20).

Troas. Mientras esperaba sellar su testimonio con su propia sangre en su última prisión, escribió a Timoteo instándole a que viniese a Roma prontamente, trayendo los pergaminos, etc., que él había dejado en Troas (2 Timoteo 4:13).

Éfeso. Es muy dudoso que Pablo hubiese visitado esta población en la época posterior a su encarcelamiento, pues los datos que nos proporciona el Libro Sagrado son insuficientes para llegar a una conclusión definitiva sobre el asunto. Sin embargo, hay conjeturas que el apóstol hubiese sido arrestado en Troas y enviado a Éfeso para un interrogatorio previo, antes de ser remitido a Roma.

El ministerio de Pablo, ya tocaba a su fin. Nerón ocupaba el trono imperial en aquella época y en su loco frenesí incendió Roma, echando la culpa del vandálico crimen a los cristianos, lo cual provocó la terrible persecución neroniana que se perpetró contra ellos.

No fue posible que el distinguido líder de los cristianos pudiera escapar por mucho tiempo de las garras del monstruo de iniquidad del poder romano. Poco después de iniciar la persecución estaba de nuevo detenido en Roma y llevado a su final prisión, que en esta ocasión era la peor de que disponían las autoridades. Sus antiguos amigos se dispersaron, dejándolo solo. Sin embargo, el bravo corazón del intrépido misionero no vaciló, como consta en sus últimas palabras dirigidas a Timoteo desde aquella sucia y lóbrega mazmorra, tales como se leen en 2 Timoteo 4:6-8. No constituyen estas palabras, los ayes y quejidos del fracasado.

Existe poca duda de que haya aparecido nuevamente ante el tribunal de Nerón. El cargo contra él no había sido anulado, y fue condenado a muerte y decapitado fuera de la ciudad en un lugar denominado «Aquae Salviae», lugar marcado hoy por la iglesia llamada «San Pablo de las Tres Fuentes», distante unos 5 Kms. de Roma; nombre originado por una tradición fantástica de que cuando el hacha del verdugo había separado la cabeza del apóstol de su cuerpo, ésta rebotó tres veces, naciendo instantáneamente una fuente en cada lugar donde tocó la tierra.

Así terminó la vida de Pablo, el más noble del ejército de los mártires, el príncipe de los apóstoles, y el más ilustre de los genios religiosos, quien después de salir de la estrechez del judaísmo y recibir la gloriosa libertad del Evangelio, libró al cristianismo del yugo de las observancias mosaicas, convirtiéndolo en una religión universal.

CAPÍTULO 19

Miscelánea

Las siete iglesias de Asia proconsular

El asiento de las siete iglesias de este grupo mencionadas en el Apocalipsis, se encontró en Asia Proconsular, que incluía Misia, Lidia, Caria y una parte de Frigia, las cuales formaron la provincia de «Asia», bajo el señorío de Roma.

Juan fue desterrado por Domiciano cerca del año 95 d.C. a la isla de Patmos donde tuvo las visiones descritas en Apocalipsis. Patmos es una isleta pedregosa, estéril y desolada, situada en el Mar Egeo, a 32 Kms. al S. de la Isla de Samos, y frente a la provincia de Caria en el SO. de Asia Menor.

El apóstol dirigió sus mensajes a las iglesias en el orden siguiente:

1. Éfeso.

Según la tradición el apóstol Juan pasó los últimos años de su vida en este lugar. Hoy, las extensas ruinas que ostentan la una vez grande y opulenta ciudad que anunciaba su magnitud e importancia en otros tiempos, constituyen la guarida de animales silvestres.

La iglesia de Éfeso tenia la fama de ser la más floreciente de Asia Proconsular. Fue favorecida con un alto encomio, unido a una solemne amonestación en el mensaje de Juan, sin embargo, su irradiación espiritual no fue extinguida hasta algunos siglos después (Apocalipsis 2:7).

2. Esmirna.

Situada en la cabecera del Golfo Esmirneano, a 64 Kms. al N. de Éfeso, era un importante empalme de las rutas comerciales terrestres y marítimas. A pesar de que la ciudad fue visitada frecuentemente por terremotos y desolada por asedios e incendios, se ha conservado a través de los siglos y en la actualidad, bajo el gobierno turco, es un gran centro comercial y la ciudad más floreciente de Asia Menor, con una población que quizá no excede de 400.000 habitantes, mayormente cristianos.

Durante la persecución que tuvo lugar bajo el gobierno de Marco Aurelio, Policarpio, el talentoso y distinguido Obispo de la iglesia de Esmirna, fue quemado vivo. Juan no tuvo motivo para censurar dicha iglesia, más bien exhortó a los fieles a que permanecieran firmes en las pruebas que les esperaban (Apocalipsis 2:8-11).

3. Pérgamo.

Ciudad de la provincia de Misia, se halla en la orilla N. del río Caicus, a 32 Kms. del mar, y a 96 Kms. al NE. de Esmirna. Fue célebre como asiento de las artes, la literatura y la idolatría, y porque se inventó allí el pergamino. Su gran biblioteca de 200.000 tomos obsequiada a Cleopatra por Marco Antonio y trasladada después a Alejandría, fue destruida por el inculto califa Omar, junto con la Biblioteca Alejandrina, en el siglo VII. Pérgamo, siempre notable por su superstición pagana, se consagraba primero al culto de Venus y posteriormente al de Esculapio, divino patrón de la medicina. Hoy en día cuenta con 50.000 habitantes, predominando los turcos y mahometanos.

Su fanatismo y hostilidad al cristianismo se manifestaron en el martirio de Antipas (Apocalipsis 2:12-17).

4. Tiatira.

Ciudad natal de Lidia, situada en la provincia del mismo nombre cerca de la frontera Misia, en el camino que conducía de Pérgamo a Sardis. Seleuco Nicanor, después de la muerte de Alejandro, la colonizó con griegos. Adquirió una gran celebridad por sus productos manufacturados y en especial por el arte de teñir de púrpura; aún en la actualidad se especializa en la manufactura y tintorería de géneros de escarlata, grandes cantidades de los cuales se exportan anualmente a Esmirna. La ciudad moderna de Tiatira, edificada sobre las ruinas de la antigua, cuenta con una población de cosa de 50.000 habitantes, mayormente mahometanos.

La iglesia en Tiatira recibió elogios por lo de recomendable y una fiel reprimenda por todo lo que era ilícito (Apocalipsis 2:18-29).

5. Sardis.

Antigua capital de Lidia, al pie del Monte Tmolus, se encontraba en medio de una comarca muy amenaa 48 Kms. al S. de Tiatira. Desde tiempos antiguos fue renombrada por su fabricación de lana teñida y su gran comercio. Su ultimo monarca Creso, fue vencido por Ciro, rey de Persia por el año 546 a.C., transformándose la ciudad de hecho en el asiento de un sátrapa persa. En 499 a.C. cuando todavía estaba en sus manos, fue incendiada por los atenienses, acto que trajo por consecuencia la invasión de Grecia por Dario y Jerjes, reyes de Persia. Se rindió a Alejandro Magno en 334 a.C. pero más tarde en 214 a.C. cayó en poder de Antíoco el Grande, siendo incorporada finalmente a la provincia romana de Asia. El lugar donde antes se erigía la ciudad es ahora una región miasmática, insalubre y casi desprovista de gente. El pueblo moderno del mismo nombre se halla a 85 Kms. al NE. del antiguo.

Su gran prosperidad y riquezas tuvieron como consecuencia el predominio de lo terreno y decadencia en lo tocante a la religión, por lo cual fue censurada la iglesia local en el mensaje de Juan (Apocalipsis 3:1-6).

6. Filadelfia.

De pintoresca situación en medio de una comarca agrícola, era también ciudad de Lidia, hallándose a 40 Kms. al SE. de Sardis. Su nombre recuerda a su fundador Attalus Filadelfus, rey de Pérgamo. A pesar de todas las vicisitudes de su historia, existe en el día de hoy con alrededor de 12.000 habitantes.

Juan no dirigió a la iglesia de Filadelfia ninguna palabra de censura, antes bien, la recomendó altamente por su fidelidad (Apocalipsis 3:7-13).

7. Laodicea.

La última de las siete iglesias mencionadas en el Apocalipsis, era la de la ciudad principal de Frigia, situada al S. de Colosas e Hierápolis, sobre el río Licos, afluente del Meander. Tenía fama Laodicea por su escuela médica, su ungüento para la oftalmía y sus tejidos. En el año 65 d.C. Laodicea, Colosas e Hierápolis fueron destruidas por un terremoto, siendo la primera reconstruida por sus habitantes. La ciudad moderna del mismo nombre se halla a unos 88 Kms. de las ruinas de la antigua.

Su prosperidad terrenal se reflejó en su iglesia, por lo cual se hizo acreedora a la censura más severa (Apocalipsis 3:14-22).

Divisiones del tiempo

Las medidas para computar el tiempo empleado por los hebreos eran como sigue:

1. El Día.

La palabra día se emplea en varios sentidos. Denota ordinariamente el tiempo que la tierra emplea en dar una vuelta sobre su eje. El día civil es aquel cuyo principio y fin han sido fijados por la costumbre de los distintos pueblos antiguos. Los israelitas acostumbraban contar el día de una tarde a otra, al paso que entre nosotros se cuenta de una medianoche a otra. El día natural constituye el espacio de tiempo que dura la claridad del sol sobre el horizonte, lo cual corresponde al transcurso entre la salida y la puesta del mismo (Levítico 23:32).

Divisiones del Día (Antiguas). El día natural dividíanlo los hebreos en mañana, mediodía, y tarde, como se observa al pie:

Mañana, hasta las 10 de la mañana.

Mediodía, hasta las 2 de la tarde.

Tarde, hasta las 6 de la tarde.

Divisiones de la Noche (Antiguas). La noche a su vez la tenían dividida en tres vigilias o velas, es decir:

Primera Vela, hasta la medianoche (Lamentaciones 2:19) .

Vela del Medio, hasta las 3 de la mañana (Jueces 7:19).
Vela Tercia, o De la Mañana, hasta las 6 de la mañana (Éxodo 14:24).

Mas en el Nuevo Testamento se ve claramente que dividían el día en doce horas, cuya duración fluctuaba según las estaciones, aunque generalmente se contaba desde las 6 de la mañana hasta las 6 de la tarde. La noche la tenían dividida en cuatro vigilias a la manera de los romanos.

Divisiones del Día (posteriores):

La 1ª hora (prima) corresponde a las 6.
La 3ª hora (tercia) corresponde a las 9.
La 6ª hora (sexta) corresponde a las 12 o mediodía.
La 9ª hora (nona) corresponde a las 3 de la tarde.
La 12ª hora (duodécima) corresponde a las 6.

Divisiones de la noche (posteriores).

Duraba 1ª:
Primera Vigilia o «De la Tarde», de 6-9.
Segunda Vigilia o «De Medianoche», de 9-12.
Tercera Vigilia o «Canto del Gallo», de 12 a 3.
Cuarta Vigilia o «De la Mañana», de 3-6.

2. La Semana.

La división de la semana en siete días se remonta hasta la creación, siendo enumerados los días en lugar de tener nombres, por ejemplo, primer día, segundo día, hasta séptimo día, que era el de reposo.

3. El Mes.

Los meses hebreos eran meses lunares por estar regulados en conformidad con las fases de la luna, en cuyo novilunio comenzaban. Como una lunación requiere un poco más de 29½ días, los meses por consiguiente representaban un término medio de 29 a 30 días alternativamente, arrojando 354 días aproximadamente en un año. Para acomodar este año lunar de 354 días, al año solar de 365 días, se intercalaba un mes supletorio cada tres o cuatro años. Este mes se llamaba Veadar o Adar-segundo.

Al principio no designaron a los meses con nombres particulares, sino que se les nombraba por su orden en el año, por ejemplo, primer mes, segundo mes, etc. pero después del Cautiverio cada mes recibió su nombre distintivo, tomado según se cree de la usanza de los caldeos y persas (1 Reyes 8:2).

4. El Año.

Se distinguía en Sagrado y Civil. Por el primero se fijaban las fiestas religiosas. Comenzaba en marzo - abril con el novilunio, en recuerdo de la salida de los hebreos de Egipto. Correspondía al séptimo mes en el año civil. El segundo, que principiaba en setiembre - octubre, en el plenilunio, regía para los trabajos agrícolas y los asuntos civiles.

Calendario hebreo

En el siguiente cuadro consignamos el número y nombre de los meses judíos y su correspondencia aproximada en el Calendario nuestro, junto con la estación agrícola y el tiempo.

Mes	Año Sagrado Civil	Estación Agrícola y Tiempo
Nisán o Abib (Abril) (Éxodo 23:15)	I-7	La cosecha de cebada en la región costanera. Trigo maduro en el valle del Jordán. Cosecha de lino en Jericó

Zif (Mayo) (1 Reyes 6:1-37)	II-8	Cosecha de cebada en las alturas y de trigo en las tierras bajas. La vegetación en el bajo Jordán se marchita. Lluvias raras veces.
Siván (Junio) (Ester 8-9)	III-9	Trigo maduro en las alturas. Las almendras están maduras. Manzanas en sazón en la región costeña. Brevas maduras. Las uvas comienzan a madurar. Bastante calor. Frecuentes vientos calientes.
Tamuz (Julio) (Ezequiel 8:14)	IV-10	Manzanas, peras, ciruelas, cerezas, calabazas, etc., madurándose, Primeras uvas maduras. Los arroyos se secan. Cielo sereno. Mucho calor. El suelo se tuesta.
Ab (Agosto)	V-11	Higos, nueces, y olivos maduros. Principio de la vendimia. Campiña seca, agrietada, y triste. Rocío de noche. Calor muy intenso.
Elul (Setiembre) (Nehemías 6:15)	VI-12	Algodón en bellota. Vendimia general. Dátiles y granados maduros. Relámpagos sin truenos. De mayo a octubre copioso rocío de noche.
Etanim o Tishri (Octubre) (1 Reyes 8:2 y 2 Crónicas 5:3)	VII-1	Vendimia en Palestina septentrional. Cosecha de algodón. Comienzo de la arada y la siembra. Viento frío del N.
Bul (Noviembre) (1 Reyes 6:38)	VIII-2	Mes de la arada y la siembra. Cidros y naranjos en flor. Las lluvias no son fuertes hasta fin de mes.
Quisleu (Diciembre) (Zacarías 7:1)	IX-3	Los árboles pierden sus hojas. Nieve en las cordilleras. Las campiñas alfombradas de flores. Los desiertos antes yermos reverdecen de verdes pastos. Las lluvias son abundantes.

Tebet (Enero) (Ester 2:16)	X-4	Las naranjas empiezan a madurar. Los ríos aumentan su caudal. Los prados adornados de flores. Nieve y escarcha en las alturas. A veces una ligera nevada en Jerusalén. Meses de lluvia más copiosa: diciembre a febrero.
Sebat (Febrero) (Zacarías 1:7)	XI-5	Naranjos cargados de frutas en las tierras bajas. Almendros y melocotones en flor. Los naranjos cargados de frutas en las regiones cálidas. Ríos caudalosos.
Adar (Marzo) (Ester 3:7)	XII-6	Cosecha de cebada en Jericó. Los ríos tienen crecientes. Huracanes. Nieve raras veces.

Las fiestas religiosas anuales

Los hebreos solían celebrar anualmente tres grandes festividades religiosas a las cuales estaban obligados a asistir todos los varones de la nación (Éxodo 23:14-17)

1. La Pascua, o la Fiesta del Pan sin Levadura. En la víspera de la salida de Egipto cada familia israelita mató un cordero, y habiendo rociado los postes y puertas de las casas con su sangre comió la carne asada según las instrucciones de Moisés, la sangre en las puertas siendo la señal para que el ángel destructor pasara por aquella casa y al ver la sangre no matara al primogénito. Posteriormente los israelitas conmemoraban su emancipación de la esclavitud y de su salida de Egipto con una cena idéntica. La Pascua se inauguraba con santa convocación y abstención de todo trabajo, y celebrada con gran solemnidad y ceremonias desde el 14 hasta el 21 de Nisán. El cordero pascual se comía en el comienzo del día 15, y el día siguiente se ofrecían las primicias de la cebada, designándose otros servicios especiales para los demás días que duraba la fiesta.

Nuestro Señor, después de celebrar por última vez la Pascua, que en efecto tipificaba su sacrificio vicario a favor de la humanidad, instituyó la fiesta cristiana en la cual sus seguidores conmemoraban su muerte hasta su próxima venida. (Éxodo 12:1-51, y, 1 Corintios 5:7).

2. Pentecostés, o Fiesta de las Semanas, o Día de las Primicias. Constituía la segunda de las tres grandes festividades anuales, y la primera de las dos fiestas agrarias. Tenía lugar el día 6 de Siván, es decir, el día quincuagésimo después de la consagración de la estación de la cosecha mediante el ofrecimiento de la primera gavilla de cebada, que solía ofrecerse en el segundo día de fiesta de la Pascua, lo cual dio origen al nombre de Pentecostés o Día Quincuagésimo. Fue instituido como un día de expresión de gracias a Dios por la cosecha de granos, que por lo general se recoge en Palestina durante el período transcurrido entre la Pascua y la fiesta en referencia. Semejante festín de reposo santo y regocijo, no dejaba de impulsar al pueblo a una consagración más completa a Jehová, y una generosa hospitalidad para con los menesterosos.

La fiesta de Pentecostés más notable fue aquella que se celebró después de la Ascensión de Cristo en que el Espíritu Santo fue derramado sobre los congregados en el Aposento Alto y que señala a la vez la fecha de la fundación de la Iglesia Cristiana (Éxodo 34:22; Levítico 23:16 y Hechos 2:1).

3. Los Tabernáculos. Aunque era esta una fiesta preeminentemente agraria, celebrada en el mes de Tishri, desde el día 15 al 21 en que se almacenaban las frutas, nueces y aceites (por eso suele llamarse «La Fiesta de la Siega») conmemoraba a la vez un acontecimiento histórico, a saber, los 40 años que los israelitas anduvieron errantes en el desierto. Mientras duraba la fiesta el pueblo vivía en cabañas, construidas a propósito de ramas de árboles, en las azoteas y patios de las casas y aun en las calles constituyéndose así en una ocasión de gran alegría y acción de gracias (Levítico 23:40-43 y Nehemías 8:14-18).

Otras fiestas anuales celebradas por los hebreos eran:

4. Las Trompetas. Observada el 1er día del séptimo mes del año sagrado, o sea, el primero del año civil, anunciaba el principio del año al son de la trompeta. Se distinguía por ofrendas especiales encendidas a Jehová. Festejada con gran solemnidad y abstención de todo trabajo servil se destinaba al recogimiento del pueblo hacia Dios (Levítico 23:24-25).

5. Purim. Llamada así por el nombre Pur, que quiere decir
«suerte», instituida después del Cautiverio, conmemoraba la liberación providencial de los judíos de Persia de la cruel masacre
ideada por Amán. Se celebraba en los días 14 y 15 de marzo (Ester
9:20-32).

6. La Dedicación. Instituida por Judas Macabeo, en 165 a.C. para
celebrar la purificación del Templo, después de haber sido profanado por la introducción en él de la idolatría griega, por Antíoco
Epífanes IV. Tenía lugar el 25 de diciembre (Juan 10:22).

Las Fiestas Movibles. Estas eran:

1. El Sábado,

que conmemoraba el día de reposo cada séptimo día
(Génesis 2:1-3).

2. Los Novilunios,

que tenia lugar cada primero del mes. Era una fiesta de devoción
celebrada con un festín (Números 28:11-14 y 1 Samuel 20:5) .

3. El Año Sabático,

celebrada cada siete años. Se suspendía todo trabajo agrícola y
el acreedor tenia que renunciar todo derecho a cobranza, si sus
deudores eran israelitas (Levítico 25:1-7 y Deuteronomio 15:1-3).

4. El Jubileo,

realizada cada cincuenta años y anunciada solemnemente al
sonido de la trompeta. En este año el terreno gozaba de un reposo universal y cada uno rescataba la posesión de su herencia
que hubiese sido hipotecada o vendida. Quedaban perdonadas
las deudas, y libres los que se encontraban en dura servidumbre
(Levítico 25:8-16).

En la actualidad la fiesta de La Pascua es guardada escrupulosamente por los judíos en todas partes del mundo. En Palestina se celebra anualmente también la fiesta del Purim, con gran regocijo y con distribución de regalos para los pobres.

Monedas

Antiguamente las transacciones comerciales se hacían en el Oriente por cambio de género o por francos de oro u otro metal cuidadosamente pesado según el sistema de pesas que se empleaba.

Los hebreos no acuñaban monedas hasta la época de Simón Macabeo, en que se pusieron en circulación las de un ciclo y medio ciclo de plata, además de otras de bronce de menor valor. Juntamente con las romanas y griegas que se mencionan en el Nuevo Testamento, circulaban las judías.

Mencionaremos a continuación las más comunes y su equivalencia aproximada en moneda norteamericana.

Lepton, «blanca» de bronce que era la moneda más pequeña que circulaba entre los judíos, de valor de 1/8 cent. americano (Marcos 12:42).

Maravedí, «cuadrante», también de bronce, equivalía a dos blancas, o sea, 1/4 cent. (Mateo 5:26 y, Marcos 12:42).

Cuarto, «asarión», de bronce, valía aproximadamente 4 maravedíes, o en moneda americana 1 cent. (Mateo 10:29).

Denario, moneda romana de plata, era la unidad corriente del Tesoro Público, además de representar el salario del jornalero. Su valor era de 17 cents. (Marcos 6:37).

Siclo o Estatero, moneda griega que variaba de valor en diferentes épocas, equivalente a 51 cents. (Mateo 17:27).

Dracma, de Lucas 15:8, era una moneda griega de plata de valor del denario romano, que usaban las mujeres en sus turbantes o al cuello. En cambio el dracma o darico de Nehemías 7:70 era una moneda persa de oro, de valor de 4.10 dólares.

Didracma, representaba el impuesto del templo en Jerusalén de valor de 32 centavos.

José fue vendido por 20 piezas de plata, o sea 18.20 dólares (Génesis 37:28).

Naamán, ofreció a Eliseo 6.000 piezas de oro. Su equivalente. es 57.600 dólares (2 Reyes 5:5).

María de Betania derramó ungüento sobre la cabeza del Salvador, cuyo valor se estimaba en 300 denarios (Marcos 14:3).

Judas vendió al Salvador del mundo por 30 piezas de plata, cantidad que representa solamente 15.30 dólares (Mateo 26:15).

El Talento no era una moneda sino el nombre que designaba la unidad de peso para metales preciosos y comodidades, dividido en minas; un talento representaba 60 minas. En la parábola de los «Dos Deudores», un siervo debía 100 denarios, el otro 10.000 talentos, o sea, el equivalente de 60.000.000 denarios (Mateo 18:23-35).

Medidas

Las medidas empleadas por los hebreos han variado con el devenir del tiempo con su suerte política y las vicisitudes de sus vecinos poderosos. Aunque adoptaron las medidas de estos, conservaron los nombres de las que se asemejaban más en equivalencia a las suyas, de manera que son difíciles de adaptar a nuestros tipos de medidas actuales.

Las equivalencias que se dan a continuación deben considerarse como aproximadas y de ninguna manera como estrictamente exactas.

Medidas de Longitud	Equivalencias en Metros
El Dedo :	0.020
4 Dedos :	1 palmo menor 0.080
3 palmas menores :	1 palmo mayor 0.240
2 palmas mayores :	1 codo 0.480

4 codos :	1 braza 1.850
6 codos :	1 caña 2.880
15 cañas :	1 cordel 43.200
Medidas Itinerarias	**Equivalencias en Metros**
El Estadio	185
La Milla Oriental	1466
El Camino de un Sábado	1110*

* Según los judíos era la distancia que mediaba entre el Tabernáculo y el extremo del campamento en el desierto.

La Jornada representaba 12 leguas entre las autoridades hebreas, por más que hoy en día en el Oriente, es cosa de 7 leguas.

Medidas de Capacidad

Para líquidos	**Equivalentes en Litros**
1 log:	0.297
10 bato:	1 him. 3.570
6 hin.:	1 bato o efa 21.420
12 long:	1 homer o coro 214.200

Medidas de Capacidad

Para áridos	**Equivalencias en Litros**
1 cabo:	229.68
1.8 cabo:	1 gomer u homer 1.27
3½ gomer:	1 Sato. 2.30
3 Sato:	1 efa 7.65
5 efa:	1 homer o coro 22.97
10 efa:	1 letech 114.84

Nos agradaría recibir noticias suyas.
Por favor, envíe sus comentarios sobre este libro
a la dirección que aparece a continuación.
Muchas gracias.

Editorial Vida
Vida@zondervan.com
www.editorialvida.com